LEKTÜRESCHLÜSSEL FÜR SCHÜLER

Sophokles

Antigone

Von Theodor Pelster

Philipp Reclam jun. Stuttgart

Dieser Lektüreschlüssel bezieht sich auf folgende Textausgabe: Sophokles. *Antigone*. Tragödie. Übers. von Wilhelm Kuchenmüller. Stuttgart: Reclam, 2000 [u. ö.]. (Universal-Bibliothek. 659.)

RECLAMS UNIVERSAL-BIBLIOTHEK Nr. 15348

Gesamtherstellung: Reclam, Ditzingen
Printed in Germany 2006

ISBN-13: 978-3-15-015348-2
ISBN-10: 3-15-015348-4

www.reclam.de

Inhalt

1. Hinführung zum Werk

Antigone und ihre Geschwister Ismene, Polyneikes und Eteokles sind Gestalten aus der griechischen Sagenwelt. Theben, die Hauptstadt Böotiens, einst Mittelpunkt eines Königreichs, heute ein kleines bescheidenes Landstädtchen, ist ihre Heimat. Ihre Eltern sind Ödipus, der aus Theben vertriebene Tyrann, und dessen Gattin Iokaste, die sich selbst das Leben nahm, als die Untaten ihres Mannes bekannt wurden. Die ganze Familiengeschichte gehört zum sogenannten thebanischen Sagenkreis, der Erinnerungen an die Frühzeit der griechischen Geschichte wach hält, als die Phönizier ins Land kamen, Städte gründeten und das Fundament für eine gemeinsame hellenische Kultur legten.

Der thebanische Sagenkreis

Diese Sagen aus geschichtlicher Vorzeit waren die Hauptstoffquelle für die Dramatiker in Athens Blütezeit. Wichtigster Schauplatz für ihre Dramen war Athens Dionysos-Theater. Hier erfuhren die meisten der uns überlieferten Tragödien ihre erste Aufführung. Die Athener feierten in der zweiten Hälfte des Monats März drei Tage lang ihr wichtigstes Fest: die großen Dionysien. An jedem dieser Tage wurden drei Tragödien und, daran anschließend, ein Satyrspiel aufgeführt. Die Aufführungen begannen am frühen Morgen und zogen sich über den Tag hin.

Das Dionysos-Theater in Athen

Drei Tragödiendichter fanden schon in der Antike höchste Anerkennung und gelten auch heute noch als Klassiker: Aischylos, Sophokles und Euripides. Sophokles, der mittlere, der nach eigenen Aussagen von Aischylos

Der Tragödiendichter Sophokles

lernte und später in Euripides einen Konkurrenten erhielt, wurde 497 oder 496 v. Chr. in Athen geboren und starb in seiner Heimatstadt im Jahr 406 oder 405 v. Chr. Insgesamt schrieb er 123 Dramen. Davon sind sieben Tragödien vollständig erhalten. Sie waren schon in der Antike zu einer besonders anerkannten Auswahl zusammengefasst. Die Tragödie *Antigone* gehört ebenso wie *König Ödipus* und *Ödipus auf Kolonos*, weitere Werke des Autors Sophokles, stofflich zum thebanischen Sagenkreis, der Bedeutung nach zum klassischen Repertoire altgriechischer Tragödiendichtung – und damit zum literarischen Weltkulturerbe.

Trotzdem ist die Frage berechtigt, ob eine Tragödie, die aller Wahrscheinlichkeit nach im Jahre 442 v. Chr. im alten Griechenland aufgeführt wurde und einen Stoff behandelt, der damals schon uralt war, das Interesse von Zuschauern und Lesern des 21. Jahrhunderts beanspruchen kann. Zugespitzt lautet die Frage, ob das, was in diesen Stücken geboten wird, noch in irgendeiner Weise aktuell oder längst antiquiert ist. Eine Entscheidung kann das Theater- und Leserpublikum erst treffen, wenn es sich gründlich mit dem Werk auseinander gesetzt hat. Dabei hat es der Betrachter im Theater sicherlich leichter, da ihm das Stück für gewöhnlich in einer Inszenierung nahe gebracht wird, die Wert darauf legt, Interesse zu wecken. Vom Leser werden größere Anstrengungen erwartet.

Aktuell oder antiquiert?

Ein wichtiger Grund, sich mit dem übersetzten Text einer klassischen griechischen Tragödie zu beschäftigen, ist sicherlich darin zu sehen, dass das griechische Theater die gesamte Tradition des europäischen Theaters

Die Tradition des europäischen Theaters

begründet. Wer die Geschichte dramatischer Dichtung kennen lernen will, muss bei den Ursprüngen in der Antike beginnen. Nur so wird er das jeweils Neue und Moderne angemessen einschätzen können.

Bei einer historisierenden Betrachtung darf es jedoch nicht bleiben, wenn man dem Vorwurf entgehen will, einen insgesamt überflüssigen Museumsbesuch in einem Antikensaal mit zufällig erhaltenen Marmorfiguren absolviert zu haben. Es gilt vielmehr, die Herausforderung zur Diskussion anzunehmen, die in den Texten angelegt ist und die sich über Jahrhunderte erhalten hat: »Irgend etwas muß schon dran sein an dem, was geblieben ist … hundert Jahre … tausend Jahre. Etwas, woraus sich wohl doch lernen läßt.«[1]

Grundfragen der Politik

Die Personen, die in der Tragödie *Antigone* aufeinander treffen, sind Bürger einer Stadt beziehungsweise eines Stadtstaates. Sie leben in einer Krisenzeit und haben alle ihre eigenen Konflikte zu lösen. In problematischen Situationen haben sie Entscheidungen zu treffen, für die sie Begründungen suchen und die sie vor anderen rechtfertigen müssen. Als führende Politiker auf der einen Seite und als gelenkte Bürger auf der andern stehen sie vor den konkreten Fragen: Was darf der Staat von dem einzelnen Bürger verlangen? Welche Pflichten haben die Bürger gegenüber dem Staat? Wo sind die Grenzen der Selbstbestimmung des Einzelnen, und wo sind die Grenzen der Verfügungsgewalt des Staates? Jede einzelne Frau – hier vor allem: Antigone und Ismene – und jeder einzelne Mann – hier vor allem Kreon, der Herrscher, und Haimon, sein Sohn – hat zu fragen: Was soll ich tun, und was ist die Grundlage meines Tuns?

Diese Fragen werden in dem Drama gestellt, jedoch nicht endgültig beantwortet. Die Konflikte lösen sich nicht wohlgefällig auf; die auf die Bühne gebrachte Geschichte endet tragisch. Kein Grund zur Resignation, sondern Aufforderung zur produktiven Auseinandersetzung!

2. Inhalt

Das tragische Ende der Antigone ist Teil der Familiengeschichte, in deren Mittelpunkt Thebens Herrscher Laios und Ödipus stehen. Ohne Kenntnis der Vorgeschichte sind die Zusammenhänge des tragischen Geschehens kaum zu verstehen.

Die Vorgeschichte: Laios, Ödipus, Iokaste

Theben, die reiche Hauptstadt Böotiens, wurde im Auftrag der Götter von Kadmos gegründet. Einer seiner Enkel, Labdakos, übergab die Herrschaft an Laios, der den Zorn der Götter erregte, als er den Sohn eines Königs entführte. Deshalb war ihm vom Delphischen Orakel angekündigt worden, dass er einst von seinem eigenen Sohn umgebracht werde. Laios glaubt dem Schicksal dadurch entgehen zu können, dass er das Kind, das seine Frau Iokaste zur Welt bringt, aussetzen lässt, nachdem diesem vorher die Fußknöchel durchstochen wurden.

Doch dieses Kind wird von einem Hirten gerettet und dem kinderlosen Herrscherpaar in Korinth anvertraut. Hier wächst es unter dem Namen Oidipous = Schwellfuß auf. Als dem Herangewachsenen Zweifel kommen, ob er der leibliche Sohn seiner Eltern ist, befragt er seinerseits das Delphische Orakel und erhält den Hinweis, er werde seinen Vater töten und seine Mutter heiraten. Um das zu vermeiden, beschließt er, nicht nach Korinth zurückzukehren.

Sein Weg führt ihn nach Theben, wo eine Sphinx, ein sagenhaftes Unwesen, die Stadt bedroht. Ödipus befreit die Stadt, wird als Retter gefeiert, der die Geschicke des Gemeinwesens führen soll, da der Thron seit kurzer Zeit verwaist ist. Er übernimmt die Herrschaft, heiratet die verwitwete Königin Iokaste und zeugt mit ihr vier Kinder: Antigone, Ismene, Polyneikes und Eteokles.

Dann wird Theben von der Pest befallen. Das Delphische Orakel erklärt, die Stadt werde erst von dieser Pest befreit, wenn der Mord an König Laios, dem Vorgänger des Ödipus, aufgeklärt sei. Die Untersuchungen ergeben, dass Ödipus unwissentlich seinen eigenen Vater erschlagen hat, als er auf dem Rückweg vom Delphischen Orakel mit einem adligen Herrn in Streit geriet, der ihn vom Weg treiben ließ. Nun ist auch klar, dass Iokaste, die Gattin seines Vorgängers, zugleich seine Mutter und seine Gemahlin ist.

Als Iokaste diese Schmach erfährt, erhängt sie sich. Ödipus sticht sich die Augen aus und lässt sich in die Verbannung schicken. Polyneikes und Eteokles übernehmen nach einer Übergangszeit, in der Kreon, der Schwager von Ödipus, die Regierungsgeschäfte führt, die Herrschaft, sobald ihr Alter das zulässt, geraten dann aber in Streit. Eteokles behauptet sich. Polyneikes geht nach Argos, sammelt Truppen und zieht gegen Theben, um die Stadt für sich zu gewinnen. Im Zweikampf fallen beide. Kreon, der Bruder der Iokaste und Onkel von deren Kindern, übernimmt nun als der einzig Nachfolgeberechtigte die Herrschaft in Theben. Seine ersten Verfügungen betreffen die Frage, wie mit den Gefallenen, den beiden Söhnen des Ödipus, nämlich Polyneikes und Eteokles, umzugehen sei. Antigone und Ismene, die Schwestern der Toten, sind von der Verordnung unmittelbar betroffen. Mit einem Dialog der Schwestern beginnt die gespielte Handlung.

Kreon und die Kinder des Ödipus

Prolog

Antigone, die Tochter des Ödipus, erinnert ihre Schwester Ismene an die Schicksalsschläge, die diese Familie – vor allem Ödipus und seine Gattin Iokaste – erlitten hat, und bereitet Ismene auf eine neue Herausforderung vor: Kreon, »der neue Führer« (8), ihr gemeinsamer Onkel, habe »verkündet« (8), dass von den beiden Brüdern, die um die Stadt Theben gekämpft haben und dabei gefallen sind, der eine – Eteokles – als Verteidiger Thebens mit Ehren bestattet werden solle, der andere – Polyneikes – als Verräter und Feind der Stadt »nicht beweint und nicht begraben werden« (27) dürfe. Dem, der dieses »Gebot« (31) übertrete, drohe Tod durch »Steinigung« (36). Antigone fühlt sich verpflichtet, entgegen diesem Verbot Polyneikes die letzte Ehre zu erweisen, »und wenn ich dafür sterbe« (72); sie kann jedoch Ismene nicht zum Mittun gewinnen. Diese will sich »der Obrigkeit« (67) fügen, fühlt sich nämlich als Frau zu schwach, um gegen ein Männerwort anzugehen, und möchte nicht ein weiteres Glied in der Leidenskette der Familie werden. Antigone dagegen fühlt sich »den Untern« (75), also den Verstorbenen und dem Gott des Hades, mehr verpflichtet »als den Menschen hier« (75), auch wenn diese Herrscher über die Stadt sind, und bleibt bei ihrem Plan.

Kreons Gebot und die Reaktion Antigones

Das Gespräch findet vor dem Haus der Königsfamilie am »Morgen« (103) statt – unmittelbar nach der Nacht, in der Eteokles und Polyneikes »gefallen sind« (13) und Kreon als der »neue Führer« (8) die Herrschaft angetreten hat. Die gesamte folgende Handlung wird vor diesem Haus an dem nun folgenden Tag gespielt.

Einzugslied des Chores

Der Sonnengesang der Thebaner

Angesichts der aufgehenden Sonne preist der Chor der thebanischen Greise den Sieg Thebens gegen die Angreifer aus Argos unter Führung des Polyneikes. Aus thebanischer Sicht hat die Siegesgöttin, »die hochgepriesene Nike« (148), Grund genug gegeben, »mit Reigentänzen die ganze Nacht« (152) zu feiern. Zu bedauern ist »nur das entsetzliche Paar, Kinder eines Vaters, einer Mutter« (144 f.) – gemeint sind Eteokles und Polyneikes. Der Tod der beiden einzigen männlichen Nachkommen des Ödipus hat zur Folge, dass Kreon, »des Menoikeus Sohn« (156), der Schwager des Ödipus und der Onkel von dessen Kindern, nun »des Landes König« (155) ist. Dieser tritt aus dem Palast und will »zum Ältestenrat« (160) sprechen, der durch den versammelten Chor repräsentiert wird.

Erster Auftritt

Kreons Bestattungsverbot und die Zuwiderhandlung Antigones

Kreon versichert sich bei den Ältesten der Loyalität, die die Stadt seinen Vorgängern Laios, Ödipus und dessen Söhnen erwiesen hat, und verpflichtet die Versammelten, als »Hüter des Befehls« (215), mit zu sorgen, dass Polyneikes unbeerdigt bleibt. Kaum ist das Gebot ausgesprochen, als ein Wächter herankommt, der voller Angst gestehen muss: »Es war jemand beim Toten, der ihn begrub« (245). Die aufgestellten Wachen haben offensichtlich nicht verhindern können, dass jemand »Staub« (255) auf die Leiche streute und damit die Beerdigung vollzog, »wie um den Fluch zu bannen« (256). Voller Zorn fordert Kreon: »Bringt diesen Totengräber heraus und stellt ihn mir vor Augen!« (305). Er vermutet, dass »gewisse Bürger« (289) »Leute zu der Tat bestochen« (294) haben. Hinter der Tat vermutet er ein Komplott und droht dem Wächter und vielleicht auch den Ältesten der Stadt: »[…] schafft ihr mir die Täter nicht, so sollt ihr noch gestehn, dass schäbiger Verdienst sich bitter rächt!« (324).

Erstes Standlied

Das Lied über die zwiespältige Natur des Menschen

Der allein gelassene Chor scheint aus dem, was er gehört hat, seine Schlüsse zu ziehen: Der Wächter hat »Schreckliches (*ta deiná gar*)« (243) berichtet; dieses Wort nimmt der Chor auf und reflektiert: »Ungeheuer (*ta deiná*) ist viel und nichts ungeheurer (*deinóteron*) als der Mensch« (332). Das zugrunde liegende griechische Adjektiv *deinós* kann sowohl mit ›furchtbar‹, ›schrecklich‹ wie auch mit ›außerordentlich‹, ›tüchtig‹, ›gewaltig‹ oder ›unerhört‹ übersetzt werden. So kann eine Tat in gutem oder in schlechtem Sinne »unerhört« sein; ein Mensch kann im guten und im schlechten Sinn aus der Allgemeinheit herausragen. Es ist eben die Frage, wie er seine Fähigkeiten als Seemann (334), als Bauer (337) oder als Jäger (341) versieht. Als Mensch verfügt er über »Sprache« (353), über »den Trieb zum Staat« (355), weiß »Rettung […] aus heillosen Leiden« (362 f.), leistet viel im Bereich von Kunst und Wissenschaft (364). Immer aber ist festzustellen: ihn

»treibt's zum Bösen […] bald und bald zum Guten« (366) oder – in anderer Übersetzung: »[…] er schreitet bald zum Schlechten, bald zum Guten«.

Es bleibt also auch bezüglich der Handlung, die sich im weiteren Verlauf vor den Zuschauern abspielt, die Frage, was sich »zum Bösen« und was sich »zum Guten« hin entwickelt. Noch ist unklar, welche von den handelnden Personen am Ende »groß im Volk« (370) und welche »nichts im Volk« (371) sein wird.

Zweiter Auftritt

Die Tat und das Bekenntnis Antigones

Der Wächter führt den Ältesten der Stadt und Kreon Antigone vor und berichtet, dass sie, kaum dass die Wächter »von der Leiche allen Staub« (409) entfernt hatten, von neuem kam, den Leichnam wiederum mit Staub bedeckte und nun auch die »heilige Grabesspende« (431) über den Toten goss. Mit der Überführung Antigones hat der Wächter sein Leben gerettet. Antigone gesteht vor Kreon die Tat, erklärt, durch ihr Handeln »die ungeschriebnen Gottgebote« (454) erfüllt zu haben, und ist bereit zu sterben. Ismene, die hinzukommt, wird von Kreon befragt: »Hast du mitbegraben?« (534). Obwohl sie selbst nicht gehandelt hat, bekennt sie sich zu der Tat, wird aber von Antigone mit einem »Bring dich in Sicherheit!« (553) schroff zurückgewiesen. Ismene ihrerseits kann nicht glauben, dass Kreon Antigone, die mit Kreons Sohn Haimon verlobt ist, »töten« (568) will. Doch für Kreon ist das Verlöbnis kein Gegengrund.

Zweites Standlied

Die Ältesten der Stadt, der Chor, sehen weiteres Unheil auf des »Labdakos' Stamm« (594) und die Nachkommen des »Ödipus« (600) zukommen.

Dritter Auftritt

Haimon wird von Kreon provozierend gefragt: »Kommst du […], vor mir um deine Braut zu toben, oder liebst du den Vater stets, was er auch tut?« (632–634). Wenn Kreon tatsächlich meint, des Sohnes Liebe zum Vater gehe so weit, dass er ihm in allem blind folge und sich von der Braut trenne, so irrt er. Haimon bittet den Vater zu bedenken, ob nicht Antigones Tat »goldner Ehrengabe wert« (699) sei. Doch Kreon ist unbelehrbar, beschimpft den Sohn »Weibshöriger!« (750) und verfügt: »Hol mir das Scheusal her! Vor seinen Augen […] muss sie jetzt sterben!« (760 f.). Antigone soll »lebend in ein Felsengrab« (774) eingeschlossen werden. Haimon bricht mit dem Vater: »Mich aber wirst du nie mehr vor deinen Augen sehen« (763).

Der Konflikt zwischen Kreon und seinem Sohn

Drittes Standlied

Der Chor vermutet richtig, dass stärker als alle Gebote und Gesetze die Liebe (*eros*) ist: »Unbekämpfbar treibt ihr Spiel Aphrodite« (800).

Das Lied auf die Liebe

Vierter Auftritt

Antigone nimmt in einem Klagelied Abschied von »der Sonne Leuchten« (809), von der »Heimat« (842), dem »wagenprangenden Theben« (846) und trägt das Schicksal, »segenlos, ehelos« (867), »unbeweint, ungeliebt, unvermählt« (876) den Weg »in den Kerkerschacht, ins unerhörte Grab« (849) zu gehen. Sie ist überzeugt, kein »göttliches Gesetz« (921) verletzt zu haben, und tröstet sich, dass sie von Vater, Mutter und Eteokles im Totenreich empfangen wird:

Antigones Entsagung und ihre Bereitschaft zum Tod

»Denn als ihr starbt, da wusch euch meine Hand
Und schmückte euch und goss euch Grabesspenden«
(900 f.)

Geliebt weiß sie sich auch von Polyneikes, »dem sie die letzte Liebe tat« (903). Trotzdem trifft sie Kreons Wort schwer: »Schafft sie mir schleunigst weg!« (885).

Viertes Standlied

Die Ältesten der Stadt ergänzen jene Überlegungen, die sie im zweiten Standlied vorgetragen hatten. Dort hatte es geheißen, dass vieles »ungeheuer« sei und nichts »ungeheurer als der Mensch« (332 f.); jetzt heißt es: »Aber unheimlich ist Schicksals Macht« (951). Das gleiche Adjektiv *deinós* bildet die prädikative Aussage – einmal mit ›ungeheuer‹ und einmal mit ›unheimlich‹ übersetzt. Dass vor allem anderen die Macht des Schicksals unheimlich ist, wird durch kurze Erinnerungen an Mythen, die den Griechen geläufig waren,

Das Lied vom Schicksal

ins Bewusstsein gerufen. Es handelt sich um die Geschichten von Danae und Akrisios, von Lykurg und Dionysos sowie von Kleopatra und Phineus.

Fünfter Auftritt

Der blinde Seher Teiresias wirft Kreon vor, »die Stadt verseucht« (1015) zu haben, indem er verbot, »den armen toten Sohn des Ödipus« (1018) zu beerdigen. Er kündet dem verblendeten Herrscher an, dass sein Sohn Haimon als »Sühne« (1067) für die in den Tod getriebene Antigone und den ehrfurchtslos behandelten Polyneikes sterben werde. Kreon ist erschüttert und wendet sich an den Ältestenrat: »Was soll ich tun? Ich will dir folgen, sprich!« (1099). Die Ältesten empfehlen, »die Jungfrau aus der Gruft« (1100) zu befreien und »dem Unbestatteten sein Grab« (1101) zu geben. Kreon nimmt den Rat nun an.

Der Konflikt zwischen Kreon und Teiresias

Fünftes Standlied

Bakcheus, der Schutzgott Thebens, wird beschworen, rettend einzugreifen.

Schlussszene

Ein Bote berichtet zunächst, dass Haimon tot sei. Dann schildert er den Ältesten und der herbeigekommenen Eurydike, Kreons Gattin, wie Kreon mit ihm, dem Boten,

Der Tod Antigones und das Wehklagen Kreons

»ein Grab aus Heimaterde« (1203) für Polyneikes aufgeschüttet, wie sie dann Antigone »erhängt in einer Schlinge« (1221) gefunden hätten und wie dann Haimon »den Stahl sich in den Leib« (1236) gebohrt habe. Eurydike wendet sich ab und geht ins Haus. Der wehklagende Kreon tritt auf. Wenig später kommt der Bote aus dem Haus und teilt mit, dass sich Eurydike das Leben genommen und Kreon als Schuldigen verflucht habe. Kreons Wunsch »So bringt mich Narren hinweg« (1339) wird entsprochen.

Der Chor, der allein auf der Bühne zurückbleibt, zieht aus dem dargebotenen Fall den Schluss, dass »Überhebung [...] mit großem Fall« (1351) bestraft werde, und er mahnt: »Was der Götter ist, entweihe keiner!« (1350).

3. Personen

Kreon und Eurydike, Antigone und Ismene sind Bühnenfiguren der griechischen Tragödie, keine individuellen Charaktere. Sie sind weder frei erfunden noch Personen aus dem wirklichen Leben, sondern abgeleitet aus mythischen Vorstellungen, die dem ursprünglichen Publikum aus anderen Zusammenhängen bekannt waren. Der Autor – in diesem Fall Sophokles – hat für diese Personen Handlungsanweisungen und vor allen Dingen Texte verfasst, durch die sie zur Figur werden. Lebendig werden diese Figuren jedoch erst, wenn sie von einem Schauspieler beziehungsweise einer Schauspielerin dargestellt werden. Deshalb ist noch einmal zu unterscheiden zwischen den Rollen, die ursprünglich nur den Theaterleuten, heutzutage aber auch dem interessierten Leser als Textbuch zugänglich sind, und den dargestellten, auf der Bühne zu sehenden Figuren. Dabei zeigt sich, dass jede Rolle interpretierbar ist. Regisseur und Schauspieler erarbeiten die einzelnen Rollen in einem Verstehens- und Umsetzungsprozess und geben den Personen Leben. Jede gespielte Charakterisierung einer Figur ist ebenso wie die schriftlich gefasste Charakteristik einer Person Ergebnis eines Verstehensvorgangs, der nie endgültig abgeschlossen ist, der vielmehr als Zwischenergebnis anzusehen ist, das zur Diskussion und zur weiteren Auseinandersetzung herausfordert.

Rollen, Figuren und Personen im Drama

Kreon ist nicht die titelgebende Figur der Tragödie, wohl aber die Hauptperson. Von ihm gehen die meisten Aktionen aus. Das ist schon daran zu erkennen, dass er den höchsten Redeanteil aller Personen und die größte Bühnenpräsenz hat.

Kreon hatte nach der Verbannung des Ödipus schon einmal die Herrschaft in Theben inne, überließ sie dann den herangewachsenen Söhnen des Ödipus, Polyneikes und Eteokles, und ist nun wieder Herrscher, seit sich die Brüder am Tag zuvor im Kampf gegenseitig getötet haben. Kreon verfügt also über Regierungserfahrung. Beim Ältestenrat ist er anerkannt. Auch Teiresias, der blinde Seher, steht als Ratgeber wieder, wie früheren Herrschern auch schon, zur Verfügung.

Kreon und das thebanische Herrscherhaus

Als Sohn des Menoikeus und als Bruder der Iokaste, die zuerst mit König Laios, dann mit König Ödipus verheiratet war, hat Kreon immer zum Herrscherhaus von Theben gehört. Die Kinder des Ödipus sind seine Nichten und Neffen. Er selbst ist mit Eurydike verheiratet. Von seinen Kindern werden Megareus und Haimon namentlich erwähnt. Megareus opferte Kreon der Stadt, um einen Orakelspruch zu erfüllen, der ihm nur unter dieser Bedingung den Sieg verhieß. Haimon, den jüngeren Sohn, verliert er als Folge seiner unerbittlichen Verfügungen über die Nichtbestattung des Polyneikes und die Verurteilung der Antigone.

Kreon als Herrscher

Kreon geht darin auf, Herrscher zu sein. Er ist zweifellos rechtmäßiger König, ist pflichtbewusst und hat früher schon, wie vom Ältestenrat und auch Teiresias anerkannt wird, die Stadt gut geführt. Die Stadt, die *pólis*, ist zentraler Punkt seines Denkens und Handelns. Von ihr oder über sie sagt er: »Sie ist's, die uns erhält, und steuern wir mit ihr auf rechter Bahn, gewinnen wir uns Freunde«

(188 ff.). Fraglich ist nur, wie diese rechte Bahn aussieht und wie sie zu finden ist.

Kreon ist fest davon überzeugt, dass er mit seinen Geboten und Verfügungen den rechten Weg kennt und dass er absoluten Gehorsam erwarten kann. Er versteigt sich zu der Äußerung: »Gilt nicht der Staat als Eigentum des Fürsten?« (738). Nicht nur Haimon widerspricht ihm in diesem Punkt. Längst hat Antigone seine Art zu herrschen als *tyrannís* (506) gekennzeichnet. Später wird ihn auch Teiresias einen Tyrannen (1056) nennen. Er selbst bestätigt indirekt das Urteil, indem er jeden Widerspruch unterdrückt und sofort ein Komplott vermutet, wo jemand eine Meinung äußert, die seiner Auffassung entgegengesetzt ist. Ein Urteil zu revidieren kommt ihm nicht so leicht in den Sinn. Er reagiert vielmehr zornig und mit Drohungen und Verfluchungen, wenn man ihn korrigieren will.

Kreons Wehklage

Erst als er das Ergebnis seines Eigensinns vor Augen hat, als er Haimons Leiche zum Palast trägt und man ihm dort die Leiche Eurydikes zeigt, klagt er:

> »Weh mir! Auf keinen andern
> Wälz ich von mir diese Schuld!
> […]
> Schafft mich schleunigst fort,
> Ich bin nicht mehr als nichts!« (1317–25)

Der selbstherrliche Tyrann ist gestürzt – ob durch eigene Schuld oder durch das Schicksal, bleibt dahingestellt.

Antigone, die titelgebende Figur der Tragödie, ist Bürgerin Thebens, die weder die Regierungsbefugnis Kreons noch die Gesetze der Stadt anzweifelt. Sie ist verlobt mit Haimon, dem jüngeren Sohn Kreons und Eurydikes, lebt also in gesi-

Antigone und das thebanische Herrscherhaus

cherten Verhältnissen – bis zu dem Augenblick, in dem sie sich ganz in den Dienst des toten Bruders Polyneikes stellt, der von Kreon als schimpflicher Verräter und überwundener Feind angesehen und behandelt wird, in dem sie aber allein den unglücklichen Bruder sieht, der nicht einmal im Hades seinen Frieden findet, wenn er nicht den überkommenen Riten entsprechend beerdigt wird.

Nichts und niemand kann Antigone daran hindern, ihrem toten Bruder die letzte Ehre zu erweisen. Trotzig wird sie die Handlung allein vollziehen, wenn Ismene nicht aus eigener Überzeugung hilft. Sie erklärt: »[...] ich begrab ihn, und wenn ich dafür sterbe, das ist schön. Geliebt bei dem Geliebten ruh ich dann, und fromm hab ich gefrevelt« (71 ff.). Für sie gibt es höhere Gesetze als die Anordnungen Kreons; der Tod schreckt sie nicht; nicht einmal ihren Verlobten berücksichtigt sie in ihren Erwägungen, wenn es um den toten Bruder geht.

Antigone und die höheren Gesetze

Zweimal beerdigt sie Polyneikes – einmal heimlich und nur symbolisch, indem sie Staub über die Leiche streut, und ein zweites Mal ausgiebig mit den üblichen Zeremonien. Sie gesteht stolz die Tat – »des Vaters trotzige Art verrät das Kind« (471), meint einer der Ältesten –, und sie erklärt Kreon gegenüber: Es »schmerzt mich nicht, dass sich mein Schicksal nun erfüllt« (465).

Antigones »trotzige Art«

Auf Anordnung Kreons in ein Grabgewölbe gesperrt, erhängt sich Antigone, stirbt so, wie ihre Mutter einst starb, jedoch im Bewusstsein, Recht getan zu haben.

Ismene, Antigones jüngere Schwester, hat wie ihre Geschwister unter dem »Fluch des Ödipus« (2) gelitten. Doch scheint sie sich mit einem zurückgezogenen unauffälligen Leben abgefunden zu haben.

Sie liebt ihre Geschwister, fürchtet sich aber vor Kreon. Aus Angst vor Kreons Rache weigert sie sich, Antigone bei der Bestattung des Bruders zu helfen. Als Antigone dann der Tat überführt wird, solidarisiert sie sich mit ihr ohne Rücksicht auf die eigene Gefahr. Doch sie wird von ihrer Schwester zurückgestoßen.

Furcht und Schwäche Ismenes

Ihr Appell an Kreon, die Braut seines Sohnes, also Antigone, zu begnadigen, ist wirkungslos. Ismene ist zu schwach, um sich zur Geltung zu bringen. Ohne ihre Schwester wird sie weiter vereinsamen. Ihre Frage: »Wie soll allein ich leben, ohne sie?« (566) bleibt unbeantwortet.

Eurydike, die Gemahlin des Herrschers Kreon, tritt nur in der Schluss-Szene der Tragödie auf; sie wird vorher nicht einmal erwähnt. Anders als etwa Iokaste in *König Ödipus* hat sie kaum Anteil an der Handlung; als Erleidende ist sie allerdings von dem betroffen, was ihr Mann in die Wege geleitet hat.

Eurydike als Erleidende

Vor allem leidet sie als Mutter. Sie hat ihren Sohn Megareus (1302) hingegeben, als das Orakel verlangte, dass Theben nur siegen könne, wenn dieser Sohn geopfert werde. Nun hat sie ihren zweiten Sohn Haimon verloren, der sich in Liebe und Solidarität zu Antigone und im Trotz gegen den eigenen Vater umgebracht hat. Wortlos geht sie nach dem Bericht des Boten in den Palast und tötet sich: Zuletzt »erscholl […] böser Fluch« (1304) auf Kreon, ihren Gemahl, »des Sohnes Mörder« (1305).

Haimon, der gemeinsame Sohn von Kreon und Eurydike, ist zugleich der Verlobte Antigones. Haimon eignet bemerkenswerte Klarsicht, hohe intellektuelle und sprachliche Kompetenz und politische Urteilskraft.

Haimon als Widerpart des Vaters

Er ist keineswegs ein »Weibshöriger« (750), als den sein Vater ihn beschimpft; aber er ist auch nicht der aufsässige Sohn, der den Konflikt mit seinem Vater sucht. Er liebt Antigone. Aber er möchte mit seinem Vater ruhig und sachlich über die Lage sprechen, die durch dessen Gebot und das Übertreten des Gebots durch Antigone entstanden ist.

Er vertritt gegenüber seinem Vater eine Konzeption, wie der Staat zu regieren sei und wie Staatsbürger in einer Demokratie miteinander umgehen sollten, die dem ursprünglichen Publikum in Athen unmittelbar eingeleuchtet haben dürfte.

Teiresias, der greise blinde Seher, ist eine Gestalt, die auch in anderen Tragödien eine Rolle spielt. Er hat prophetische Gaben, mahnt zum rechten Handeln und weissagt, was in der Zukunft zu erwarten ist. Er, der Blinde, sieht deutlicher als die Sehenden, wie das einzuschätzen ist, was geschieht.

Teiresias als höchste Autorität in Theben

Er gehört zum Kreis der höchsten Adligen, verrichtet Priesterdienste und ist als höchste Autorität anerkannt. Er hat schon Laios, später Ödipus und danach auch Kreon beratend zur Seite gestanden. Dabei hat er früher von Ödipus und nun auch von Kreon erfahren müssen, dass seine Ratschläge nicht willkommen waren, wenn sie den Interessen der Herrscher entgegenstanden. Nicht zum ersten Mal wird er von Kreon verdächtigt, an einem Komplott gegen den Herrscher beteiligt zu sein. Doch Teiresias ist über jeden Zweifel erhaben. Seine Weissagungen werden sich als richtig, seine Empfehlungen als in höchstem Maße berechtigt und seine Verurteilungen als gerecht erweisen.

Der **Bote** tritt unvermittelt vor den Ältestenrat und berichtet nach einer kurzen Reflexion über die Unbeständigkeit des Lebens und das immer zu gewärtigende Schicksal, vom Tod Haimons und der Selbsttötung Antigones und fasst zusammen: »Tot sind sie! Und die Lebenden sind schuld!« (1173). Damit hat er seine wichtigste Aufgabe erfüllt. Das antike Theaterpublikum war daran gewöhnt, dass ihm Grauen erregende Ereignisse durch einen Boten mitgeteilt und nicht im darstellenden Spiel gezeigt wurden.

Die Funktion des Boten

Der Bote begleitet dann Eurydike ins Haus – was schon ungewöhnlich ist –, teilt kurze Zeit später dem herbeigekommenen Kreon mit: »Dein Weib ist tot« (1282) und informiert über die Einzelheiten, nachdem der Leichnam der Eurydike auf die Bühne gebracht worden ist.

Der Dramatiker nutzt die Botenrolle als Mittel der Spannungssteigerung: Er lässt ihn das Ergebnis der im Ganzen verdeckten Handlungen zunächst in aller Kürze mitteilen, lässt ihn dann ausführlich berichten, was geschehen ist, und macht schließlich anschaulich, was erzählt wurde, indem er die Leiche Eurydikes zeigen lässt. Als Person oder Charakter ist der Bote unbedeutend.

Dem **Wächter** kommt insofern eine Botenrolle zu, als er die alles entscheidenden Ereignisse und Handlungen der Tragödie Kreon, dem Ältestenrat der Stadt Theben und dem Publikum mitteilt: die symbolisch vollzogene Beerdigung des Polyneikes durch eine noch unbekannte Person und die in aller Offenheit dem Toten erwiesene »heilige Grabesspende« (430) durch Antigone. Die Handlungen selbst bleiben auch in diesem Fall verdeckt.

Als Wächter, der mit andern zusammen dafür zu sorgen hatte, dass das von Kreon verfügte Bestattungsverbot nicht durchbrochen werde, ist er in einer anderen Situation als der unbeteiligte Bote einer Nachricht. Auf ihn ist das Los gefallen, die unangenehme Mitteilung zu machen. Mit Recht fürchtet er, dass ihn der unmittelbare Zorn des Herrschers trifft. Deshalb sucht er sich abzusichern, ehe er seine Mitteilung macht. Später, als er Antigone, die ertappte Schuldige, vorweisen kann, erwartet er als der Erfolgreiche unmittelbare Belohnung. Er ist ein Vertreter »des kleinen Mannes im heroischen Drama«[2], der in diesem Fall sogar von seinen persönlichen Ängsten und Freuden reden darf, dem es letztlich aber nur um das persönliche Wohl geht. Dem Stand nach ist er der Geringste aller handelnden Personen.

Der Wächter als der »kleine Mann im heroischen Drama«

Personenkonstellation

Der Herrscher

Kreon
König von Theben
Sieger über die Argiver
Schwager des Ödipus
Gatte Eurydikes
Vater Haimons

Die Opponenten

Haimon
Sohn Kreons und Eurydikes
Verlobter Antigones

Eurydike
Gattin Kreons
Mutter Haimons

Antigone
Tochter des Ödipus
Schwester von Ismene, Eteokles und Polyneikes
Verlobte Haimons

Ismene
Tochter des Ödipus
Schwester Antigones, Eteokles' und Polyneikes'

Teiresias
Der blinde Seher

Die Schwankenden

Die Ältesten
Bewohner der Polis Theben
Untertanen des Königs
Vertrauend den Göttern und den Sprüchen des Sehers

4. Die Struktur des Werks

Jede griechische Tragödie ist ein nach bestimmten Konventionen geschaffenes Kunstwerk, das von einem Kreis von Kritikern beurteilt wurde, ehe es zur Aufführung kam. Jeder Autor einer solchen Tragödie hat sein Handwerk erlernt und folgt den Anweisungen, die in Regeln fixiert sind: »Fixiert (war die Aufgabe des Prologs so gut wie die Funktion des Abgesangs, fixiert die Grundstruktur von Eingang und Schluß. Fixiert [...] war die Gliederung des Stücks, vor allem die Abfolge von chorischen Standliedern und durch Schauspielerauftritte akzentuierte Epeisodien [...]. Fixiert waren auch die Darbietungsformen, mit ihrer Metrik und ihrem kompositorischen Muster [...]; fixiert vor allem – als ein Grundgesetz – das Verhältnis von Aktion und Bericht im Sinne einer Tabuisierung der äußeren Dramatik zugunsten der Beschreibung und Interpretation des Geschehens.«[3] Auf einen einfachen Satz gebracht: Dem Zuschauer im antiken Theater war alles hochvertraut, was dem heutigen Zuschauer fremd ist. Er wusste genau, welche Folge von Spielszenen und Chorliedern er zu erwarten hatte, kannte den Bau der (wahrscheinlich) gesungenen Strophen und den Mythos, der dramatisiert worden war.

Die griechische Tragödie: ein nach Regeln verfasstes Kunstwerk

Während es weniger wichtig scheint, dass heutige Zuschauer durch den übersetzten Text hindurch die ursprüngliche Metrik der gesungenen und gesprochenen Verse ermitteln können, ist durchaus zu empfehlen, genau auf den Aufbau der Tragödie im Ganzen

Antigone *und die Tradition des europäischen Theaters*

zu achten. Von der *Antigone* aus lassen sich nicht nur die übrigen erhaltenen griechischen Tragödien erschließen; vielmehr lässt sich von hier aus ein Zugang zu fast allen späteren Tragödien und Trauerspielen der europäischen Tradition finden – zu den Dramen selbst und zur Theorie dieser Gattung.

Die Text- und Rollenbücher, die den übersetzten Dramentext anbieten, verhalten sich in Bezug auf die Nebentexte unterschiedlich: Einige fügen Regieanweisungen und Hinweise zum Bühnenbild bei und heben Strukturelemente wie Prolog, Standlied und Exodos heraus, andere liefern nur die Rollentexte. Die im Folgenden genannten Strukturbezeichnungen sind aus der zweisprachigen Reclam-Ausgabe des Werks übernommen (Sophokles: Antigone. Griechisch/Deutsch. Übers. und hrsg. von Norbert Zink. Stuttgart 1981. UB. 7682).

Exposition

Der **Prolog**, der nach heutiger Auffassung vom ersten gesprochenen Wort bis zum Ende des Einzugslieds des Chors (1–161) reicht, hat die Funktion einer Exposition: Der Zuschauer wird über Ort und Zeit der Handlung informiert; er erfährt, um welchen Mythos es geht, und er erkennt, in welcher Situation sich die Handelnden befinden. Das Stichwort »Ödipus« (2) genügt, um das Schicksal dieses Herrschers in Erinnerung zu rufen. Die Kinder dieses Königs von Theben kennt der Zuschauer ebenso wie den Nachfolger Kreon. Jetzt hat man sich den frühen Morgen nach jenen Kämpfen vorzustellen, in denen Polyneikes und Eteokles fielen. Die beiden Schwestern kommen aus dem Palast. Antigone kennt – im Gegensatz zu Ismene und dem Ältestenrat – bereits die ersten Verfügungen des neuen Herrschers. Darüber geht das erste Gespräch.

Die Funktion der Chorlieder

In der Vorstellung heutiger Leser und Theaterbesucher unterbrechen die **Chorlieder** die Handlung; nach dem Verständnis antiker Tragödienautoren bilden die gespielten Szenen Ergänzungen zu den Liedern. Fest steht jedenfalls, dass die Chorlieder dem Ursprung der Tragödie näher sind als die Aktionen der Schauspieler. Beim Chorlied im ursprünglichen Sinne haben wir es »mit einer bestimmten Dichtungsart zu tun, die Teil einer anderen, umfassenderen Gattung, des Dramas, ist«[4]. Erst später wurde der Chor insofern an der Handlung beteiligt, als er phasenweise Dialogpartner der agierenden Personen wurde.

Das **Einzugslied des Chores** (100–161), der Sonnengesang, der noch zum Prolog gehört, ist reines strophig geordnetes Chorlied. Das erste **Standlied** (332–383) ist als »Lied des Menschen« (332–375) in sich geschlossen, lenkt den Blick am Ende aber deutlich auf Antigone, die in diesem Augenblick vom Wächter vorgeführt wird. Etwas später kündigt der Chor – wohl in Person des Chorführers – Ismene an, beteiligt sich aber nicht am Dialog zwischen Kreon und Ismene. Dafür wird ihm am Ende des Auftritts, wenn die Schauspieler die Bühne verlassen haben, Zeit und Raum für ein Standlied von zwei Strophen und zwei Gegenstrophen (583–625) gegeben. Das **Lied** »Selig, wer nie im Leben vom Fluch gekostet« (583) nimmt deutlich Bezug auf das, was auf der Bühne verhandelt wurde, verallgemeinert den Fall jedoch zu einer allgemeinen Erkenntnis: »Keines Menschen Leben erfüllt sich frei von Unheil« (613). So bleibt das Chorlied in enger Beziehung zu der gespielten Handlung, weist aber gleichzeitig über diese hinaus. Singend, wahrscheinlich durch Musikinstrumente unterstützt, nimmt der Chor kommentierend und interpretierend, wohl auch appellierend und kritisierend, Einfluss auf die Gedankenbewegung des Publikums.

Als **Epeisodien** bezeichnet Aristoteles in seiner Poetik der Tragödie die »Schauspielerpartien […] zwischen zwei Chorliedern«[5]. Die Epeisodien entsprechen also ungefähr dem, was in der Bühnensprache der Gegenwart »Auftritt« oder »Szene« genannt wird.

Die *Antigone* des Sophokles umfasst **fünf Epeisodien** oder **Auftritte.**

Die Handlungsfolge

1. Auftritt: Kreon verkündet sein Gebot und erfährt durch den Wächter, dass dieses schon überschritten wurde.

2. Auftritt: Antigone wird als die gesuchte Übertreterin des Gebots überführt und – zusammen mit Ismene – in Fesseln gelegt.

3. Auftritt: Haimon verwendet sich vergeblich für Antigone. Kreon lässt sich auf keine Diskussion ein und verfügt, Antigone »in ein Felsengrab« (774) einzuschließen.

4. Auftritt: Antigone singt – sich mit dem Chor abwechselnd – ein Klagelied auf ihr Leben und Sterben.

5. Auftritt: Teiresias redet Kreon ins Gewissen. Kreon will sein Urteil zurücknehmen.

Der Konflikt zwischen den **Antagonisten** Kreon und Antigone ist im ersten Auftritt erkennbar, wird im zweiten Auftritt ausgetragen und – scheinbar – entschieden. Kreon erweist sich als der Mächtige, der sich auch durch Haimon nicht umstimmen lässt. Die sich ankündigende **Katastrophe** steht unmittelbar bevor, wenn Antigone im vierten Auftritt vom Leben Abschied nimmt. Eine gewisse Hoffnung wird im fünften Auftritt geweckt, als Teiresias Kreon zum Einlenken bewegen kann. Doch dies ist, wie sich zeigen wird, nur ein **retardierendes Moment.**

Exodos und Katastrophe

Der **Schlussteil**, der aus einem umfangreichen Botenbericht und einem Klagegesang von Kreon und dem Chor besteht, erweist, dass die Hoffnung trügerisch war. Die Schluss-Szene (1155–1352), **Exodos** genannt und der Funktion nach das Gegenstück zum Prolog, zeigt nämlich die ganze **Katastrophe**: Antigone und Haimon sind tot; Eurydike nimmt sich das Leben. Kreon steht zerstört da. Er ist am Ende »nicht mehr als nichts« (1325). Der mächtige Herrscher ist der machtlosen jungen Frau unterlegen; denn diese hat ihren Auftrag erfüllt und ist im Bewusstsein gestorben, das Rechte getan zu haben; er aber ist schuldig geworden und steht vereinsamt da.

Das gesamte dargestellte Geschehen spielt an einem Tag. So ist die »Einheit der Zeit« gewahrt – ein Prinzip der griechischen Tragödienschreiber, das dem Spiel höhere Glaubwürdigkeit verschaffen sollte.

Die Struktur

Prolog: Der Konflikt

Einzugslied: Der Sonnengesang

1. Epeisodion: Das Gebot Kreons

1. Standlied: Das Lied vom Menschen

2. Epeisodion: Die Zuwider-Handlung Antigones

2. Standlied: Das Lied vom Schicksal

3. Epeisodion: Haimons scheiternder Vermittlungsversuch

3. Standlied: Das Lied von der Liebe

4. Epeisodion: Das Abschiedslied der Antigone

4. Standlied: Schicksalsgestalten vor Antigone

5. Epeisodion: Der Einspruch des Teiresias, die Wandlung Kreons

5. Standlied: Anrufung des Dionysos

Exodos: Die Katastrophe – der Tod Antigones, die Wehklage Kreons

5. Wort- und Sacherläuterungen

Die Geschichte von Ödipus, von seinen Eltern, seiner Frau und von seinen Kindern, die insgesamt Teil des thebanischen Sagenkreises der griechischen Mythologie ist, bildet die stoffliche Grundlage der Tragödie *Antigone*. Sie ist im Kapitel »Inhalt« knapp zusammengefasst und sollte vor der Lektüre des Dramas zur Kenntnis genommen werden. Hinweise zu den dort vorgestellten Personen werden in den folgenden Sacherklärungen nicht wiederholt. Desgleichen bleiben dramentheoretische Begriffe, die in den Abschnitten »Struktur« und »Autor und Zeit« erläutert werden, im folgenden Kapitel unberücksichtigt.

2 **Zeus:** höchster der olympischen Götter.

36 **Steinigung:** Todesstrafe, die vor allem für Gotteslästerung verhängt wurde. Sie wurde außerhalb der Stadt vollzogen. Die Tatzeugen warfen die ersten Steine, das versammelte Volk die übrigen.

101 **dem siebentorigen Theben:** Die Bedeutung der Stadt ist daraus zu erschließen, dass sie von einem 7 km langen Mauerring mit 7 Toren umschlossen war.

104 **Dirke:** Die Gattin des Lykos von Theben wurde von Dionysos in die gleichnamige Quelle verwandelt, die in der Nähe von Theben entspringt.

106 **Argos:** Das peloponnesische Argos, südlich von Korinth gelegen, ist Hauptstadt der Argolis, der östlichsten Landschaft der Peloponnes.

109 **Hader:** Streit. Vorwurf der Ungerechtigkeit und Klage gegen das Schicksal, die Götter oder menschliche Instanzen.

122 **Hephaistos' Fichtenfackel:** Der Gott des Feuers galt als Schutzherr der Schmiede und der Handwerker überhaupt.

140 **Ares:** Der griechische Kriegsgott, Sohn des Zeus und der Hera, galt als wild, mordlustig und barbarisch.

148 **Nike:** Siegesgöttin. Sie verleiht nicht den Sieg, sondern sie verkündet ihn.

154 **Bakchos:** Bezeichnung für Dionysos, den Gott des Weins und des Weinbaus (s. 957).

246 **durstigen Staub:** trockener Staub, der Menschen durstig macht, wenn sie ihn in den Hals bekommen.

277 **Boten böser Mär:** Der Überbringer schlimmer Botschaften wird oft fälschlich als Urheber der Übel angesehen und bestraft.

308 **Frevel:** überhebliche Versündigung gegen göttliche oder menschliche Ordnungen. Verbrechen.

335 **Notossturm:** Notos, Sohn des Astraios und der Eos, ist der Gott des Südwinds.

451 **Dike:** wörtl.: Recht, Gesetz; hier: Personifizierung der rechten Ordnung im Staat und des angemessenen Ausgleichs von Schuld und Sühne.

542 **Hades:** Gott im Land der Toten. Später wird auch der Ort der Toten, die Unterwelt also, Hades genannt.

586 **Thrakerstürme:** Zu Thrakien gehörte der ganze Rumpf der Balkanhalbinsel. Das Klima dort war vergleichsweise rau. Von dort kamen die ersten Winterstürme.

674 **Speergenossen:** Neben den Bogenschützen bildeten die Speerwerfer eine spezialisierte Sondereinheit im antiken Heer.

758 **beim Olympos:** verstärkender Ausruf wie »bei den Göttern!« oder »beim Himmel!«.

781 **Eros:** wörtl.: Liebe, Verlangen, Begehren; personifiziert als Liebesgott, der als Sohn der Aphrodite galt und oft in ihrer Begleitung anzutreffen ist.

799 **Aphrodite:** griechische Liebesgöttin.

812 **Acheron**ufer: Fluss in der Unterwelt.

813 **Hymenaios:** Hochzeitsgedicht, meist im Hexameter verfasst und während des Hochzeitszugs von Mädchen und Jungen gesungen.

824 **der phrygischen Fremden:** Gemeint ist Niobe, die Tochter des Tantalus, die sich gegenüber der Göttin Leto übermütig ihrer Kinder rühmte und dafür bestraft wurde.

825 **auf Sipulos' Höhn:** Niobe versteinerte nach dem Verlust ihrer Kinder und wurde in ihre Heimat an den Berg Sipulos versetzt.

833 **der Dämon:** göttliches Wesen, das nicht an einen festen Kult oder einen bestimmten Aufgabenbereich gebunden ist, sondern seine Kraft bei unterschiedlichen Gelegenheiten unter Beweis stellt.

894 **Persephone:** Göttin der Unterwelt und Gemahlin des Hades.

938 **Ahnengötter:** Götter der Vorfahren. Gemeint sind wahrscheinlich die Schutzgötter der Stadt Theben.

944 **Danaë:** Geliebte des Zeus und Mutter des Perseus. Sie wurde von ihrem Vater in einen Turm gesperrt, weil ihr Sohn gemäß einem Orakelspruch nach der Herrschaft in Argos streben sollte.

955 **des Dryas jähzorniger Sohn, der Edonen Fürst:** Gemeint ist Lykurg, der an einen Felsen gefesselt wurde, als er die Verehrung des Dionysos unterbinden wollte.

975 **Dionysos:** auch Bakchos; lat. Bacchus. Gott des Weines, des Weinbaus und allgemein der Fruchtbarkeit. Gott der Ekstase, der die schöpferischen Seelenkräfte der

Menschen fördert. An den Dionysien wurden Tragödien und Satyrspiele aufgeführt.

967 **wildthrakischen Salmydessos:** Stadt an der thrakischen Küste, wo König Phineus herrschte.

971 **Weib des Phineus:** Kleopatra, Enkelin des athenischen Königs Erechtheus und Gattin des Phineus, wurde vom König verstoßen. Ihre beiden Kinder wurden geblendet und in ein Felsengrab geworfen.

985 **die Boreade:** geflügelte Söhne des Windgottes Boreas, der aus Thrakien als Nordwind hereinbricht.

986 **die lang lebenden Moiren:** Schicksalsgöttinnen.

1005 **die Opferschau:** Als Zeichen, dass die Götter das Opfer nicht annehmen, gilt, wenn das Opfertier nicht ganz und komplikationslos verbrennt.

1038 **der Sarder Silbergold:** Metallmischung aus Gold und Silber, die in Sardes, einer Stadt in Kleinasien, hergestellt wurde.

1038 **das Gold der Inder:** Indien und Kleinasien galten als besonders goldreich.

1040 **die Adler des Zeus:** Adler galten als Symbole des höchsten Gottes.

1074 **die Erynnien:** Rachegöttinnen, die ohne Mitleid gegen jeden menschlichen Frevel einschreiten.

1120 **Eleusischer Deo, Bakcheus!:** Das Lied ist an Dionysos gerichtet, der mit verschiedenen Kultnamen angerufen wird.

1121 **der Bakchen Mutter:** Gemeint ist Semele, die Tochter des Kadmos, die zugleich die Mutter des Dionysos ist.

1122 **Ismenos:** Fluss bei Theben.

1123 **Saatgefilde des Unholddrachen:** Kadmos, der Gründer Thebens, erschlug einen Drachen. Aus den ausgesäten Zähnen entstanden der Sage nach die Thebaner.

1127 **Mänaden und korkyrische Nymphen:** Frauen, die den Dionysos tanzend und singend begleiteten.

1129 **Kastalias Quell:** Quelle in Delphi, deren Wasser der Reinigung von Tempeln und Besuchern diente.

1131 **nysischer Hügel Efeuhänge:** Nysa ist der Ort der Weinkultur, an dem der Sage nach Dionysos aufwuchs.

1144 **von parnassischer Halde:** In Phokis auf dem Berg Parnass befindet sich die Höhle, in der Dionysos als Kind aufgezogen wurde.

1152 **Iakchos:** Gottheit mit eigenem Kult. Da Iakchos aber als eine dem Dionysos ähnliche Gestalt dargestellt wurde, identifizierte man ihn später mit Dionysos.

1155 **Kadmos und Amphions Burg:** Amphion, ein Sohn des Zeus, gehört wie Kadmos zu den sagenhaften Gründern Thebens.

1184 **das Götterbild der Pallas:** Pallas Athene, die Tochter des Zeus, hatte der Sage nach bei der Geburt des Dionysos geholfen. Sie wurde deshalb auch in Theben verehrt.

1200 **Pluton:** Gott der Unterwelt, andere Bezeichnung für Hades.

6. Interpretation

Die Polis im Zentrum der Tragödie

Vor den Ältesten der Stadt beginnt Kreon, der neue Herrscher Thebens, am Morgen nach den Kämpfen, in denen das feindliche Heer aus Argos zurückgeschlagen wurde, seine Ansprache mit dem Satz:

»Ihr Männer, schwer erschütterten den Staat
Die Götter und errichteten ihn neu.« (162 f.)

Es folgt eine Art Regierungserklärung vor den Vollbürgern; denn nur diese – und keine Frauen, keine Kinder, keine Fremden und erst recht keine Sklaven – sind zusammengerufen worden. Aktuelles Thema ist die Situation des Staates. Die Krise, die von den Göttern verhängt und von diesen behoben wurde, ist überwunden. Ein neuer Abschnitt kann beginnen.

Polis: Stadt und Staat zugleich

Das griechische Wort, das hier mit ›Staat‹, in anderen Übertragungen mit ›Stadt‹[6] übersetzt wird, lautet *pólis*. In Geschichtsbüchern und historischen Abhandlungen lässt man das ursprüngliche Wort meist stehen, da man Verfälschungen vermeiden will und da jede Übersetzung Missverständnisse auslöst. Als Polis bezeichnen die Griechen ursprünglich eine Burg, dann eine Siedlung, die im Schutz einer solchen Burg entsteht und die dann den räumlichen und kulturellen Mittelpunkt einer Menschengruppe ausmacht, an dem Rats- und Volksversammlungen abgehalten und gemeinsame Feste gefeiert werden.[7] Die Polis ist also nicht wie eine Stadt ein eng abgegrenztes ummauertes Gebiet; sie ist aber auch nicht Staat mit kompliziertem

Organisationsaufbau und schwer durchschaubarem Verwaltungsmechanismus. Die Polis der klassischen griechischen Zeit ist ein »Personalverband«: »Die griechischen Staatsbezeichnungen sind rein personeller Art, es heißt ›die Athener‹, ›die Thebaner‹ usw. oder auch ›das Volk der Athener‹ oder ›der Staat der Athener‹.«[8] Zum Selbstbewusstsein der Bürger einer Polis gehört nicht unbedingt ein Hinweis auf ein Territorium und auch kein solcher auf die Staatsform. Die Polis ist die Gesamtheit der Bürger, die berechtigt und verpflichtet sind, für das Gemeinwesen zu sorgen. Nicht alle, die nach heutiger Terminologie Staatsangehörige sind, gelten in der Polis als Vollbürger – »niemals die Frauen, nicht die noch Minderjährigen und ebenfalls nicht die aus irgendeinem Grunde von den Bürgerrechten vorübergehend oder dauernd Ausgeschlossenen und nicht die im Lande lebenden Fremden und Sklaven«[9]. Vollbürger zu sein bedeutet, in der Gemeinschaft für die Gemeinschaft zu sorgen. Der Mensch, so die Einsicht der Griechen, »bedarf von Natur aus dieser Gemeinschaft, da er nur innerhalb einer Gemeinschaft volles menschliches Leben führen kann […]. Das Tier mit seinen nur vegetativen Bedürfnissen bedarf des Staates nicht und nicht der Gott, der sich selbst genug ist.«[10] Kreon scheint diese Auffassung zu teilen, wenn er von der »Stadt« sagt: »Sie ist's, die uns erhält, und steuern wir mit ihr auf rechter Bahn, gewinnen wir uns Freunde« (188 ff.). Wie ein Eid auf die nicht geschriebene Verfassung klingt der darauf folgende Satz: »Nach solchem Grundsatz fördre ich den Staat« (191), nämlich die Polis. Tatsächlich hat er in den Tagen zuvor die äußeren Feinde abzuwehren geholfen; jetzt muss die innere Ordnung wiederhergestellt werden. Es gilt, auch innenpolitisch »auf rechter Bahn« (190) zu steuern.

Kreons politische Grundsätze

Gegen die Grundsätze des neuen Herrschers, niemals »den Schlechten vorziehn dem Gerechten« (208) und den, der »einsteht für sein Volk« (209), jederzeit zu ehren, wird auch niemand etwas einwenden wollen.

Als Gegenleistung erwartet Kreon, dass seine Befehle unbedingt befolgt werden. Dazu scheinen die Ältesten bereit:

»Sohn des Menoikeus, du bestimmst [...].
Nach jeglichem Gesetz steht dir wohl zu,
Mit uns, ob tot, ob lebend, zu verfahren.« (211–213)

Ein erster Befehl ist schon gegeben. Und genau dieser Befehl wird zum Kriterium, ob Kreon und ob die Polis mit diesem Herrscher »auf rechter Bahn« (190) ist oder nicht.

Die ersten Befehle des neuen Herrschers

Des Herrschers »Wille« (207) und »Befehl« (215) ist, dass der Leichnam des im Kampf gefallenen Polyneikes »unbestattet« bleibe, »eine Beute von Hund und Vögeln, schändlich anzuschaun« (205 f.). Die Begründung lautet, dass dieser Polyneikes »landverwiesen war« (199) und dann »seiner Väter Stadt und Götterbilder verbrennen wollte« (200 f.), dass er also ein Abtrünniger und ein Verräter war. Polyneikes hat demnach nicht nur den Personenverband Polis verlassen, sondern sich auch gegen ihn gestellt. Die Argumentation des Kreon hat durchaus Überzeugungskraft, da »nach attischem Recht [...] keiner, der wegen Verrats verurteilt war, in attischer Erde begraben werden«[11] durfte. Antigone widersetzt sich trotzdem diesem Befehl, handelt bewusst und in aller Öffentlichkeit entgegen dem Gebot und beansprucht doch, im Recht zu sein. An der Frage, wessen Reden und Handeln gerechtfertigt sei – das des Herrschers Kreon oder das der Schwester des Toten –, entzündet sich der Konflikt. Dabei geht es nicht um einen

Der Konflikt

persönlichen Streit zwischen Kreon und seiner Nichte. Es handelt sich auch nicht um die revolutionäre Handlung einer jungen Frau gegen den männlichen Herrscher. Vielmehr muss die Grundsatzfrage geklärt werden, welche Gesetze in der Polis gelten sollen und wer über deren Geltung befindet.

Kreons Herrschermacht

Kreon hat, wie er sagt, »die gesamte Herrschermacht« (172) – in anderer Übersetzung »alle Macht und den Thron«; er hat Wächter, die mit Gewalt verhindern können, dass seine Gebote übertreten werden; außerdem versichert er sich der Zustimmung der Ältesten zu seinen Befehlen und seinen Urteilen. Widerspruch erhält er aber nicht nur von Antigone, sondern etwas später auch von seinem Sohn Haimon. Dieser teilt ihm mit, dass das »Volk von Theben« (733) keineswegs mit der Verurteilung Antigones einverstanden sei, die Polis vielmehr dies Mädchen bedaure (693). Entrüstet fragt Kreon, ob denn wohl die Polis zu bestimmen habe, »was ich befehlen soll« (734). Haimon bestätigt indirekt das, was Kreon so abstrus vorkommt, wenn er sagt, die Polis ist nicht etwas, das »*einem* nur gehört« (737). Kreon fragt zurück: »Gilt nicht der Staat (die Polis) als Eigentum des Fürsten?« (738). Aber auch dazu bekommt er eine abschlägige Antwort: »Allein herrschst du am besten in der Wüste« (739). Die Art, wie Kreon regiert, entspricht also nicht den Erwartungen, die die Vollbürger einer Polis bezüglich der Regierung eines Gemeinwesens haben. Nach Ansicht seines Sohnes Haimon ist Kreon nicht »auf dem rechten Weg« (638), wenn er eigenmächtig befiehlt und urteilt und »nur die eine Denkart gelten [lässt], die du für richtig hältst, und keine andre!« (705 f.).

Haimons politische Grundanschauung

Kreon ist also keineswegs unangefochten mit seinen Ansichten und Machtpositionen. Er hätte seine Vorstellungen einer Überprüfung unterziehen müssen, wie sie in ganz allgemeiner Form der Chor im ersten Standlied empfohlen hat. Der Mensch, so weiß der Chor,

»Treibt's zum Bösen […] bald
Und bald zum Guten.
Ehrend des Landes Gesetz
Und der Götter beschwornes Recht
Ist er groß im Volk.
Nichts im Volk,
Wer sich dem Unrecht gab
Vermessenen Sinns.« (366–372)

Die Frage zielt auf die Stellung des Menschen in der Polis. Als *ápolis* (370), als »nichts im Volk«, wird der verachtet, der Unrecht tut und vermessenen Sinns ist; als *hypsípolis* (369), als »groß im Volk«, wird der angesehen, der des »Landes Gesetz« (367) ehrt und zugleich »der Götter beschwornes Recht« (368). Es wird zu beobachten sein, wie Kreon und Antigone diese Prüfung bestehen. Ein besonderes Problem ist mit der Frage verbunden, ob des Landes Gesetze wohl immer in Einklang mit dem göttlichen Recht stehen.

Die Frage nach der rechten Ordnung

Diese Frage, die im weiteren Verlauf des Dramas verhandelt wird, betraf das Publikum im Theater von Athen in gleicher Weise wie die Figuren des Dramas und machte die eigentliche Aktualität der Aufführung aus. Das Theater erwies sich so als eine Institution, die integraler Bestandteil der Polis war: »Die Dichter formulierten in ihren Dramen die grundlegenden Probleme von Polis und Gesellschaft, versuchten Lösungsmöglichkeiten aufzuzeigen und zugleich erzieherisch auf die im Theater versammelten Bürger (Politen) zu wirken.«[12]

Die Frage nach Recht, Gesetz und rechter Ordnung

Des »Landes Gesetze« und die »Gottgebote«

Kreon hat veranlasst, dass Eteokles, der bei der Verteidigung Thebens fiel, »nach Recht und Sitte« (23) begraben werde, und gleichzeitig verfügt er, dass »des Polyneikes armer Leichnam […] nicht begraben werden« (26 f.) dürfe. Tote zu beerdigen entspricht nach Auffassung der Griechen göttlichem Recht und menschlicher Sitte und ist »den Lebenden heiligste Verpflichtung«[13], deren Erfüllung »Hades« (519), der Gott der Unterwelt, fordert. Antigone beruft sich später auf »ungeschriebene Gottgebote« (454), wenn sie ihren Bruder entgegen dem Verbot des Kreon beerdigt. Zu der Frage, in welcher Beziehung »des Landes Gesetz« und »der Götter beschworenes Recht« (368 f.) stehen, treten die Fragen, welche Geltung »Recht und Sitte« (23) beanspruchen dürfen und welche »ungeschriebenen Gottgebote« neben den von Menschen verkündeten und geschriebenen Gesetzen zu beachten sind. An dem Fall des Polyneikes wird in zugespitzter Weise erörtert, durch welche Leitlinien menschliches Handeln bestimmt sein sollte und nach welchen Grundsätzen Gerechtigkeit in der Polis hergestellt werden kann.

In ihrer ersten Rede informiert Antigone Ismene darüber, was »der neue Führer« »allem Volk verkündet haben soll«

(8 f.). Mit »Führer« wird hier das griechische Wort *strategós* übersetzt, das als Lehnwort – Stratege – zum deutschen Sprachschatz gehört und das in klassischer griechischer Zeit die Bezeichnung für ein hohes Amt war, das unter anderem die Autorität des Perikles begründete. Kreon, der »Führer«, hat dem Volk, wörtlich der Polis, etwas »verkündet«, das im Urtext als *kérygma* klassifiziert wird – ein Wort, das im Wörterbuch mit ›Bekanntmachung, Verkündigung, Anordnung, Gebot, Befehl; Heroldsruf‹[14] angegeben wird. Was Kreon durchsetzen will, wird man also am ehesten als eine »Verfügung« ansehen dürfen, die er, ohne sich mit anderen zu beraten, bei sich beschlossen hat, die im Palast wohl schon die Runde gemacht hat und die er dann den Ältesten der Stadt vorträgt – nicht, um sie zur Diskussion zu stellen, sondern um sie bekannt zu geben und um denen Strafe anzudrohen, die sich ihr widersetzen. Obwohl diese Verfügung nur mündlich vermittelt wird, sind die Ältesten bereit, in dieser Anordnung ein Gesetz zu sehen, wenn sie sagen:

Ist die »Verfügung« des »Führers« automatisch Gesetz?

»Nach jeglichem Gesetz steht dir wohl zu,
Mit uns, ob tot, ob lebend, zu verfahren.« (213 f.)

Damit wird ein weiteres Leitwort ins Spiel gebracht. Im Zusammenhang mit dem bisher Dargelegten erhebt sich die Frage: Ist die Verfügung des Kreon, das *kérygma*, tatsächlich ein Gesetz in des Wortes voller Bedeutung?

Das griechische Wort *nómos*, das hier mit Gesetz übersetzt wurde, ist inhaltlich sehr viel weiter und unbestimmter als das deutsche Wort. Aus den Übersetzungsvorschlägen des Wörterbuchs seien folgende Eintragungen zitiert: »1. Brauch, Gebrauch, Gewohnheit, Sitte […],

Über die Verbindlichkeit von Gesetzen

Ordnung, Anordnung, Recht; 2. allgemein herrschende Meinung, Grundsatz, Regel, Maxime. Satzung, Gesetz, gesetzliche oder rechtliche Bestimmung, Gebot, Verordnung […]«[15]. Wie sehr dieses Leitwort *nómos* die Griechen beschäftigte, mag daran gesehen werden, dass Platon (427–347 v. Chr.) ein umfangreiches Werk mit dem Titel *Nomoi*, also: *Die Gesetze*, als Ergänzung zu seinem ebenso umfangreichen Werk *Politéia*, also *Der Staat*, schrieb.

Die Differenz zwischen Antigone und Ismene

Antigone ist von vornherein entschlossen, sich durch diese »Verfügung« des Kreon nicht davon abhalten zu lassen, Polyneikes zu beerdigen. Als Ismene sie darauf aufmerksam macht, dass Kreon das »untersagt« (47) habe, entgegnet sie: »Er darf mich von den Meinen doch nicht trennen« (48). Sie bestreitet also die Rechtmäßigkeit der Verfügung. Und als Ismene auf die Folgen aufmerksam macht, die zu befürchten sind, wenn sie, also Antigone und Ismene, als Frauen sich dem »Gesetz« und dem »Machtwort der Herrscher« (59 f.) widersetzen, wendet sich Antigone ab und geht ihren Weg allein.

Vor Kreon rechtfertigt Antigone in aller Ausführlichkeit ihr Handeln. Als Kreon sie befragt: »Und wagtest mein Gesetz zu übertreten?« (449), macht Antigone darauf aufmerksam, dass das, was er Gesetz nenne, eine Verfügung gewesen sei und dass weder »Zeus« noch »Dike in der Totengötter Rat […] solch Gesetz den Menschen« (450 ff.) gab. Die »Verfügung« des Kreon, so ist der Vorwurf, stehe weder im Einklang mit dem Willen des obersten Gottes Zeus noch mit den Vorstellungen Dikes, der Göttin der Gerechtigkeit. Sie, Antigone, beruft sich auf

»[…] die ungeschriebnen Gottgebote,
die wandellosen […].
Sie stammen nicht von heute oder gestern,
Sie leben immer, keiner weiß, seit wann.« (454 ff.)

Der Bezug auf ungeschriebene Gesetze oder Gebote ist ein gewagtes Unternehmen. Seit dem 6. Jahrhundert vor Christus war es von den Griechen als Fortschritt angesehen worden, dass man Gesetze aufschrieb, damit sie allgemein bekannt und für alle einklagbar wurden. Nun rückt Antigone ungeschriebene Gesetze in den Blick, mit denen sie keineswegs die noch nicht kodifizierte Verfügung des Kreon meint, sondern sehr alte Gebote. Diese nennt sie *nómima*, eine erkennbare Ableitung von *nomos*, für die das Wörterbuch als Übersetzungsvorschläge »Übliches, Brauch, Sitte, Herkommen, herkömmliche Einrichtung, anerkannter Grundsatz; Gesetz, Gebot, Recht, Pflicht«[16] angibt. Daraus folgt, dass Antigone der »Verfügung« des Kreon die Gebote der Götter gegenüberstellt, die zwar nicht aufgeschrieben sind, aber Recht und Pflicht zugleich bedeuten und nicht nur älter sind als die neuesten Verfügungen, sondern auch unantastbar, da sie immer gelten.

Leichenbestattung als »Gottgebot«

Zu diesen ursprünglichen Rechten und Pflichten, von Zeus erlassen und von Dike bewahrt, gehört die Leichenbestattung, für die »in Athen der Demos als die kleinste lokale Einheit […] verantwortlich war, wenn die Familie ihre Pflicht vernachlässigte«[17]. Antigone erwartet von Ismene also nichts Ungewöhnliches, wenn sie um Mithilfe bei der Beerdigung bittet. Sie mahnt lediglich, die göttlichen Gebote höher als herrscherliche Verordnungen zu achten und sich von Kreon zu distanzieren und zu dem Bruder zu halten, auch wenn dieser verurteilt wurde.

Dem toten Bruder den letzten Liebesdienst zu verweigern, wäre eine unentschuldbare Verfehlung. Antigone will »nicht […] schuldig werden vor den Göttern […], weil Menschenstolz mich schreckte« (458). Sie sieht das Motiv für Kreons Verhalten in einer Gesinnung, die von Stolz geprägt ist und zu Hass verleitet. Es ist die Haltung des Herrschers, der keinen Menschen neben sich und der keine Götter über sich erdulden kann, der alle unter sich haben will und so zum Tyrannen wird. Es ist durchaus verständlich, wenn Ismene die Verordnungen und Machtmittel eines solchen Herrschers, den sie in ihrer Rechtfertigung *týrannos* nennt, fürchtet; umso höher ist einzuschätzen, dass Antigone sich diesem Tyrannen entgegenstellt und dem Gebot der Götter folgt. Der Gegensatz zwischen Antigone und Kreon ist auf die kürzestmögliche Form gebracht, wenn Antigone Kreon, dem Tyrannen, entgegenhält: »Mitlieben, nicht mithassen ist mein Teil« (523).

»Mitlieben, nicht mithassen …«

Erst sehr spät wird Kreon einsehen, dass die Gerechtigkeit in einer Polis nicht durch Verfügungen eines Tyrannen gewährleistet ist, sondern durch das Befolgen göttlicher Gebote. Er selbst, Kreon, hat mit seiner Auffassung »die Stadt – die Polis – verseucht« (1015) – wörtlich krank gemacht oder – mit anderen Worten – in die Krise gestürzt.

Menschenmacht und Menschenschicksal

Obwohl sich spätestens nach der ersten Konfrontation zwischen Antigone und Kreon die Gunst des Publikums der aufbegehrenden jungen Frau zuneigen dürfte und Kreon mit allgemeiner Antipathie zu rechnen hat, wäre es zu einfach, in Antigone den durchweg guten Menschen zu sehen und in Kreon den abscheulichen Herrscher. Auch nach attischem Recht – das war dem ursprünglichen Athener Publikum bewusst – »durfte keiner, der wegen Verrats verurteilt war, in attischer Erde bestattet werden«[18]. Die Verfügung des Kreon musste also nicht grundsätzlich auf Widerspruch stoßen. Auch hatte das Publikum nicht grundsätzlich Verständnis für jeden, der gegen Gesetze, die zur Stärkung der Polis erlassen wurden, verstieß. Allerdings nahmen es die Familien und Sippen auch zur Zeit des Sophokles mit der Bestattung ihrer Toten sehr ernst.

Der auf der Bühne dargestellte Fall war für das Publikum also durchaus interessant, das aufgeworfene Problem sogar über den Fall hinaus von grundsätzlicher Bedeutung; denn hier wird der »Widerstreit zweier entgegengesetzter Überzeugungen vom Sinne des Daseins« verhandelt: »Antigone glaubt an eine göttliche Weltordnung; Kreon hält sich an irdische Gesetze und Normen, ebenso für den Einzelnen wie für den Staat«[19]. Diesen Widerstreit, ob der Staat Teil einer göttlichen Ordnung oder Einrichtung menschlicher Macht und Vernunft ist, haben beide zu bestehen, Antigone und Kreon. Nur zweitrangig handelt es sich auch um den Gegensatz von Herrscher und Untertan, von Mann und Frau, von Religionsskeptiker und Religionsfrommem.

Der Widerstreit zweier Grundüberzeugungen

Der Lebensweg der Antigone ist geprägt durch jenen »Fluch« (2), der die Familie des Ödipus belastet und als dessen Folge sie »Leid […], Freveltat […], Kränkung […], Schändlichkeit« (4 f.) zu ertragen hatte. Das weitgehend freudlose Leben hat ihren Blick schon früh auf das Leben nach dem Tod gerichtet: »Länger muss ich den Untern als den Menschen hier gefallen« (74 f.). Voll Vertrauen auf die Götter glaubt sie nicht nur an ein Leben nach dem Tod, sondern auch daran, dass sie dort »im Hades« (911) ihren Vater, ihre Mutter und ihre Brüder wiedertrifft. Voraussetzung ist allerdings, dass sie ihre Pflicht tut und Polyneikes beerdigt: »Geliebt bei dem Geliebten ruh ich dann, und fromm hab ich gefrevelt« (73 f.). Sie erkennt deutlich den Konflikt, in dem sie sich befindet: »Nach solcher Satzung […] ehrt ich dich […], geliebter Bruder, aber Kreon fand, dass ich mich schuldig machte« (914 f.). Sie erleidet nach eigenen Worten den Tod, »weil ich Heiliges heilig gehalten« (943). Diese Rechtfertigung ihres Handelns muss das Athener Publikum überzeugt haben, da Asebie, also Gottlosigkeit, zu dieser Zeit als ein Vergehen angesehen war, das schwer bestraft wurde. Antigones Ton ist demgegenüber in Eusebie (*eusébeia*) begründet, in Frömmigkeit den Göttern gegenüber. Dass sie, indem sie fromm handelt, sterben muss, macht ihre Tragik aus.

Antigones Vertrauen auf die Götter

Kreon ist fest der Überzeugung, dass er fähig ist, die Polis auf den rechten Weg zu bringen, sobald er »das Unheil meinem Volke nahen« (196) sieht. Seine Verfügungen und Urteile sollen diesem Ziel dienen. Er verteidigt seine Auffassung und seine Beschlüsse, bis ihm von Teiresias vorgehalten wird:

Kreons Vertrauen auf menschliche Kompetenzen

»So ward durch deinen Sinn die Stadt verseucht.
[…]
Und darum will kein Gott mehr unser Opfer
Und unsre Bitten bleiben unerhört.
Unheil verkündet jeder Vogelschrei.« (1015–21)

Jenes Unheil, das er bekämpfen wollte, hat er nämlich selbst erzeugt. Er, der geglaubt hatte, durch schnelles Eingreifen und konsequentes Durchgreifen Gerechtigkeit dadurch herstellen zu können, dass er Eteokles ehrte und Polyneikes schändete, muss erfahren, dass er die Ursache für den Tod seiner Frau, seines Sohnes und seiner Nichte ist und dass die Götter seinetwegen die Stadt mit Unheil strafen. Wenn am Ende Kreon klagt: »Ich bin nicht mehr als nichts« (1325), so wird der Zuschauer bereit sein, auch hierin eine tragische Entwicklung zu erkennen.

Kreons späte Erfahrung

Nicht böswillig ist er schuldig geworden gegenüber den engsten Verwandten und gegenüber der Polis; man wird ihm zustimmen, wenn er sagt: »Aufs Haupt brach mir untragbares Schicksal« (1345). Und doch haben alle, die mit ihm zu tun hatten, von Beginn seiner Herrschaft an gemerkt, dass er sich als Tyrann gebärdete. Ismene bezeichnet ihn als einen solchen (60); Antigone nennt die Art seiner Herrschaftsausübung Tyrannis (506); Teiresias stuft ihn ebenfalls in die Reihe der Tyrannen ein (1056). Die deutlichsten Vorwürfe macht Haimon, indem er seinem Vater vorhält, dass er nur »eine Denkart gelten« lässt, nämlich die, »die du für richtig hältst« (705), und so tue, als ob der »Staat, [...] *einem* nur gehört« (737). In dieser doppelten Überheblichkeit liegt die Schuld des Herrschers.

Kreon – der vom Schicksal geschlagene Tyrann

Mit dieser Erkenntnis ist der Zuschauer hinreichend gerüstet, die im ersten Standlied aufgeworfene Frage zu beantworten, wer »groß im Volk« und wer »nichts im Volk« (370 f.) ist. Kreon hat es zweifellos »zum Bösen« (366) getrieben; Antigone aber »zum Guten« (367). Kreon hat sich ins Unrecht gesetzt, als er »vermessenen Sinns« (373)

seine Verfügungen eigenmächtig traf; Antigone hat angemessen gehandelt, als sie »der Götter beschworenes Recht« (369) befolgte, obwohl sie »des Landes Gesetz« (368) brach.

Die Frage bleibt, ob eine solche Entwicklung hätte vermieden werden können. Der Chor mahnt, sich keinen Illusionen hinzugeben und nicht selbst durch Besserwisserei überheblich zu werden:

»Keines Menschen Leben erfüllt sich frei von Unheil.
[...]
Wem Gott verführt das Herz zum Unheil,
Der meint das Gute und gerät in Schuld,
Nur eine Spanne treibt er's frei von Unheil.« (614–625)

Von Unheil verfolgt sind nicht nur Ödipus und seine Kinder; von Anfang an bedroht waren auch Kreon und Eurydike und alle Menschen, solange sie ihr irdisches Leben führen; denn »unheimlich ist Schicksals Macht« (951).

Sophokles und Perikles

Antigone – *ein politisches Drama*

Es steht außer Frage, dass die *Antigone* des Sophokles ein politisches Drama im weitesten Sinne des Wortes ist, behandelt sie doch eine Kontroverse, in der Herrscher und Untertan vor den Augen der Ältesten der Polis aufeinander treffen. Nicht ganz geklärt ist die weiter gehende Frage, ob sich in dem Fall ein konkreter Anlass der damals aktuellen Politik spiegelt.

Einige Anzeichen sprechen dafür, dass Sophokles die Athener auf Probleme der Zeit aufmerksam machen wollte. Perikles war die bestimmende Persönlichkeit zu der Zeit, als die *Antigone* konzipiert und aufgeführt wurde. Über Jahre hinweg gehörte er dem Strategenkollegium an. In diesem Kollegium von zehn Männern nahm er eine führende Rolle ein und gewann so viel Autorität, dass das Volk der Athener seinen Vorschlägen ohne nennenswerten Widerspruch folgte. Zwar war er wie seine Kollegen dem Amte nach Stratege, doch dominierte er wie ein König; zwar war Athen eine Demokratie, doch »herrschte Perikles lange Zeit als Autokrat, und die Griechen waren schnell bei der Hand, einen solchen Herrscher Tyrann zu nennen«[20].

Kreon – ein Spiegelbild des Perikles?

So hat man vermutet, dass Kreon als Spiegelbild des Perikles entworfen wurde. Kreon wird in der ersten Rede von Antigone als Stratege eingeführt und wenig später als Tyrann hingestellt. Dies kann durchaus als Warnung für das athenische Publikum verstanden werden, kritisch zu beobachten, ob sich Perikles gemäß der gegebenen Verfassung verhalte, ob sein Denken und Handeln vor den Göttern und vor den Gesetzen der Stadt Bestand haben könne. Ob die Vermutungen zutreffen, ob die Mahnungen verstanden und befolgt wurden, kann dem Text nicht entnommen werden.

7. Autor und Zeit

Nur wenige Quellen geben Aufschluss über die Lebenswege der antiken Autoren. Von den griechischen Tragödiendichtern weiß man immerhin, dass sie regen Anteil an den innen- und außenpolitischen Entwicklungen ihrer Stadt nahmen. Sie waren nicht nur durch ihre Arbeiten für das Theater vom Verfassen der Texte bis zur Einrichtung der Vorführung Männer öffentlichen Interesses, sondern sie übernahmen als verantwortungsbewusste Bürger auch politische Aufgaben.

Athens Weg zur Demokratie

In Athen hatte sich im Laufe des sechsten Jahrhunderts vor Christus durch eine Reihe von Reformen, hauptsächlich eingeleitet von Solon (594/593) und Kleisthenes (508/507), eine demokratische Regierungsform herausgebildet, in der die Volksversammlung über Krieg und Frieden, über Bündnisverträge, über Gesetze und Steuererhebungen entschied und in der die Rechtsprechung durch Geschworenengerichte erfolgte. Grundsätzlich konnten alle männlichen freien Bürger der Stadt in die Entscheidungsgremien gewählt werden. Doch konnten sich nur solche Vollbürger den staatlichen Aufgaben widmen, die materiell unabhängig waren, da alle Staatsämter ehrenamtlich vergeben wurden. Trotzdem konnte Perikles in einer Rede, die er zu Ehren der Gefallenen im Peloponnesischen Krieg hielt, mit Recht sagen: »Wir leben in einer Staatsform, die die Einrichtungen anderer nicht nachahmt; eher sind wir für etliche ein Vorbild […]. Mit Namen wird sie […] Volksherrschaft (Demokratie) genannt.«[21]

Eine weltgeschichtlich bedeutende Auseinandersetzung

hatten die Griechen zu bestehen gehabt, als die Perserkönige ihre Herrschaft über die ionischen Küstenstädte auf das griechische Mutterland ausdehnen wollten. Sophokles war ein Kind von etwa fünf Jahren, als die Griechen die erste Schlacht gegen die Perser bei Marathon 490 v. Chr. gewannen. Er war ein junger Mann von 15 Jahren, als die Athener 480 v. Chr. ihre Stadt vor den anrückenden Persern räumten und diese dann in der Seeschlacht bei Salamis entscheidend besiegten. Bei den Siegesfeiern durfte der junge Sophokles »den Chor führen, der dem Gotte das Danklied zu singen hatte«[22]. Athen war nach dem Sieg über die persische Flotte als Seemacht anerkannt, gründete den attischen-delischen Seebund und übernahm in Griechenland eine Führungsrolle in militärischer, aber auch in kultureller Hinsicht. Einziger Ernst zu nehmender Konkurrent war das dorische Sparta an der Spitze des Peloponnesischen Bundes. Einem offenen Konflikt mit Sparta suchte Perikles, der von 445 bis 429 v. Chr. als Stratege die Politik Athens weitgehend bestimmte, durch einen dreißigjährigen Waffenstillstand auszuweichen.

Athens Blütezeit

Der Friede dauerte nur bis 431 v. Chr.; doch diese fünfzehnjährige Friedenszeit ist als das sogenannte Perikleische Zeitalter oder als die Blütezeit Athens in die Geschichtsbücher eingegangen. In dieser Zeit wurden auf der Akropolis von Athen der Parthenontempel, das Erechtheion und der Niketempel gebaut; der Bildhauer Phidias errichtete als Wahrzeichen Athens ein riesiges Standbild der Göttin Athene; im Dionysos-Theater am Fuß des Burgberges von Athen wurden Dramen aufgeführt, die bis heute zum klassischen Erbe der Antike gehören. Als die bedeutendsten gelten die Tragödien des Sophokles.

Das Dionysos-Theater

Der politische Niedergang Griechenlands begann, als die Konkurrenten Athen und Sparta im Peloponnesischen Krieg (431–404 v. Chr.) aufeinander trafen. Gleich zu Anfang starb in Athen Perikles, die beherrschende, allerdings nicht unumstrittene politische Autorität. Der Krieg verlief zunächst ohne Entscheidung; Sparta war zu Lande, Athen zur See überlegen. Als 421 v. Chr. ein Friede zustande kam, waren beide Seiten geschwächt. In einem zweiten Anlauf gelang es Sparta, das beim Flottenbau von den Persern unterstützt wurde, die athenische Flotte zu besiegen. Athen wurde belagert und musste sich 404 v. Chr. ergeben. Es musste alle Bundesgenossen freigeben, alle Kriegsschiffe bis auf zwölf ausliefern und seine Befestigungen einreißen. Sophokles war kurz vor der endgültigen Niederlage Athens im Winter 406/405 v. Chr. neunzigjährig gestorben.

Der Name des Sophokles wird immer dann hervorgehoben, wenn es um die Geschichte des griechischen und des europäischen Theaters geht.

Die Werke des Sophokles

Mit den 123 Tragödien, die er nach Aussage alexandrinischer Philologen geschrieben hat, ist er einer der produktivsten und erfolgreichsten Theaterautoren überhaupt. Im Jahr 468 v. Chr. setzte er sich zum ersten Mal mit einem Stück gegen den älteren und bis dahin bevorzugten Dramatiker Aischylos durch. Sein letztes Stück – *Ödipus auf Kolonos* – wurde unter großer Anteilnahme der athenischen Bevölkerung nach dem Tod des Autors im Jahr 401 v. Chr. uraufgeführt. In der Zeit dazwischen wurde ihm von den Juroren, welche die dem Schiedsgericht eingereichten Stücke beurteilten, in Siegerlisten platzierten

Sophokles
Antikes Bronzeporträt

und dann für die Aufführung an den Festtagen empfahlen, in mehr als der Hälfte der Fälle der erste Preis, manchmal der zweite, nie der dritte Preis zuerkannt.[23] Insgesamt hat er »mit 18 seiner Tetralogien (insgesamt also 72 Stücke) […] an den großen Dionysien und wahrscheinlich noch mit weiteren sechs an den Lenäen den ersten Preis errungen.«[24]

Zur Zeit des Sophokles war es noch üblich, dass der Verfasser des Dramas, dem der Sieg zugesprochen worden war, auch für die Aufführung zuständig war. Er war an der Besetzung der Rollen und an der Einstudierung beteiligt. Häufig übernahm der Autor selbst eine Rolle. Auf diese Weise lernten die Dramendichter Bühnenpraxis kennen und nahmen als Dramaturgen Einfluss auf das Theatergeschehen. So hat Sophokles unter anderem dafür gesorgt, dass ein dritter Schauspieler bestellt wurde, während sein Vorgänger Aischylos noch mit zweien auskam. Durch diese Neuerungen erweiterten sich die Möglichkeiten des lebendigen Spiels und des facettenreichen Gesprächs. Außerdem sorgte Sophokles dafür, dass der Chor auf 15 Personen erweitert wurde.

Sophokles als Dramaturg

Der Schluss liegt nahe, dass das Leben des Sophokles von der Arbeit am und für das Theater der Stadt Athen völlig ausgefüllt war. Dabei ist zu bedenken, dass dem Theater der damaligen Zeit eine andere und ungleich bedeutendere Funktion zuerteilt war als heutigen Bühnen. Die Athener brauchten die Tragödie, »[…] brauchten sie sie vielleicht kaum weniger notwendig als die Volksversammlung und den Rat der Fünfhundert und all die andern Institutionen ihrer Demokratie?«[25], fragt der Verfasser einer

Tragödie als politische Kunst

Abhandlung mit dem sprechenden Titel *Die politische Kunst der griechischen Tragödie.*[26]

Die Festtage, an deren Höhepunkt die Tragödien aufgeführt wurden, waren religiöse Veranstaltungen im weitesten Sinne des Wortes, an denen die Bürger der Stadt zusammenkamen, um ihre Götter und sich selbst zu feiern. Deshalb waren die Feste Kult und Politik zugleich. Das Wort Politik bedeutet im ursprünglichen Sinne nichts anderes als Aufgabe, Angelegenheit, Sache der Polis.

Der Tragödiendichter war also kein weltfremder und gesellschaftsabgewandter Einzelgänger, sondern politische Person im besten Sinne. Daher ist es verständlich, dass die Bürgerschaft von Athen Sophokles auch zu anderen Aufgaben heranzog. Im Jahr 443/442, als Athen und das attische Reich für Steuerzwecke neu organisiert werden sollten, wurde er »zum Vorsitzenden der entscheidenden Finanzbehörde […] gewählt, ein Amt, bei dem es nicht so sehr auf Fachkenntnisse wie auf persönliche Vertrauenswürdigkeit und unantastbare Redlichkeit ankam.«[27] Zwei Jahre später wurde er neben Perikles und acht anderen in das Amt des Strategen gewählt – »gewiß […] nicht wegen besonderer militärischer Fähigkeiten, sondern weil Perikles in dem Krieg gegen das aufständische Sparta den berühmten und weltgewandten Dichter für diplomatische Aufgaben verwenden wollte«.[28] Schon vorher – im Jahr 420 v. Chr. – bekleidete er das Amt eines Priesters des Asklepios.

Sophokles als Politiker

Sophokles stammte aus dem unfern von Athen gelegenen Gebiet von Kolonos, dem er in seinem letzten Drama *Ödipus auf Kolonos* einen Preisgesang widmete. Sein Vater Sophillos war wohlhabend, aber nicht adlig. So ist der

Schluss erlaubt, dass der reich begabte Sohn »eine vorzügliche Erziehung« erhielt, »welche sich, nach hellenistischer Sitte, gleichmäßig auf die Ausbildung der körperlichen und geistigen Kräfte erstreckte«.[29] Lampros, ein berühmter Lehrer jener Zeit, soll ihn »in den musischen Künsten«[30] ausgebildet haben. Aus seinem Elternhaus übernahm er »die schlichte Frömmigkeit und den festen Glauben an die Gottheit, die er bis an sein Ende festgehalten hat«[31]. Der »Tradition seines Hauses« folgend, so vermutet man, nahm er »in der Politik [...] eine konservative Haltung«[32] ein.

Die Weltanschauung des Sophokles

Diese Grundhaltung vertrat er offensichtlich in öffentlichen Diskussionen, vor allem aber in seinen Dichtungen, die als Beitrag zur philosophischen und zur politischen Auseinandersetzung der Zeit angesehen werden können. Sophokles stellte sich mit seinem Glauben an die Götter und die göttliche Schicksalsmacht den Tendenzen der Aufklärer entgegen, die in dem Sophisten Protagoras (480–410 v. Chr.) einen gewaltigen Wortführer hatten. Dieser hatte verbreitet: »Über die Götter vermag ich nichts zu erkennen, weder daß sie sind, noch daß sie nicht sind, noch welcher Gestalt sie sind: denn vieles hindert das Erkennen, die Nichtwahrnehmbarkeit und die Kürze des menschlichen Lebens.«[33]

Während Sophokles den Gedanken des Protagoras entgegentrat, war Perikles jenem Sophisten freundschaftlich zugetan. Das hinderte Perikles und Sophokles jedoch nicht, gemeinsam Politik zu machen. Eine kritische Distanz scheint Sophokles erst dann eingenommen zu haben, als Perikles zu einer Führergestalt wurde, die Gefolgschaft verlangte. Sophokles mag die Einschätzung des Geschichtsschreibers Thukydides geteilt haben, der urteilte: »So bestand in Athen dem Namen nach eine Demokratie, in Wirklichkeit jedoch die Herrschaft des ersten Mannes.«[34] Sophokles sah den Herrschafts- und Durchsetzungsanspruch des Perikles in einem unangebrachten Überlegenheitsgefühl, in der Haltung der Hybris, begründet. Von den schlimmen Folgen menschlicher Hybris handeln die meisten seiner Tragödien.

Vom privaten Leben des Sophokles, der bald nach seinem Tod als Halbgott verehrt wurde, ist wenig bekannt. Die Fakten lassen sich zu einer Kurzbiographie verknüpfen:

Kurzbiographie zu Sophokles

»Sophokles war zweimal verheiratet, einmal mit einer Athenerin, Nikostrate, die ihm den Iophon gebar; das zweite Mal in vorgerücktem Alter mit der Sikyonierin Theoris, der Mutter des Ariston, der wiederum der Vater des jüngeren Sophokles wurde, welcher sich ebenso wie Iophon in der dramatischen Dichtung versuchte. Für diesen Enkel soll der alte Sophokles eine besondere Vorliebe gehegt haben, und es wird berichtet, daß der eifersüchtige Iophon den Vater der Altersschwäche geziehen und wegen angeblich schlechter Vermögensverwaltung bei den Phratoren, einer Art Familiengericht, seine Entmündigung beantragt habe; durch Vorlesung aus seinem eben vollendeten Oedipus auf Kolonos aber habe der Dichter den glänzendsten Beweis seiner ungeschwächten Geisteskraft geliefert.

Sophokles starb im höchsten Greisenalter, einundneunzig Jahre alt, 404 v. Chr., nach einigen infolge der Anstrengung einer Vorlesung seiner Antigone, nach anderen aus Freude über einen unerwarteten Sieg in einem tragischen Wettkampf; eine dritte prosaischere Überlieferung läßt den Genuß einer unreifen Weintraube die Ursache seines Todes sein. Die dankbare Nation ehrte ihn durch ein glänzendes Leichenbegängnis und die Errichtung eines Tempels, in dem er als Heros verehrt wurde.«[35]

Die griechische Tragödie und das Werk des Sophokles

Etwa 250 Namen von Dichtern sind bekannt, die in der Zeit von 550 v. Chr. bis 500 n. Chr. griechische Tragödien geschrieben haben: »Zusammengenommen dürften sie mehrere Tausend solcher Dramen verfaßt haben; denn von einer ganzen Reihe von Dichtern wissen wir, daß sie gegen 100 oder mehr Stücke geschrieben haben.«[36] Vollständig erhalten sind nur 32 solcher Tragödien, die von den drei Dichtern Aischylos, Sophokles und Euripides stammen und wahrscheinlich alle ihre erste Aufführung im Dionysos-Theater in Athen erfuhren.

Überlieferte Werke des Sophokles in zeitlicher Reihenfolge

Aias. Tragödie
Erste Aufführung: Athen um 453 v. Chr.

Aias, einer der griechischen Heerführer im Trojanischen Krieg, fühlt sich von den übrigen Feldherren zurückgesetzt und ist vor allem dadurch in seiner Ehre gekränkt, dass die Waffen des toten Achill nicht ihm, sondern Odysseus überantwortet wurden. Blindwütig will er Agamemnon, Menelaos und Odysseus umbringen. Doch die Göttin Athene greift ein und verwirrt ihn so, dass er statt der Feldherrn nur Weidetiere und deren Hirten umbringt. Als er aus dem Wahnsinnsrausch erwacht und ihm bewusst wird, was er gewollt und was er tatsächlich getan hat, begeht er Selbstmord, um die Schmach zu tilgen. Daraufhin müssen Tekmessa, seine Geliebte, und Eurysakes, sein Sohn, fürchten, dass sich die Feldherren, die nur durch Athenes Einschreiten dem Tod entkommen sind, an ihnen rächen werden. Tatsächlich verfügt Menelaos, dass die Leiche des Aias unbeerdigt bleibe. Tenkros, Aias Halbbruder, stellt sich der Verfügung entgegen. Er wird von Odysseus unterstützt, der mahnt, dem toten Aias weder »des Grabes Ruhe« noch »die Totenklage« zu verweigern.

Die Trachinierinnen. Tragödie
Erste Aufführung: Athen um 450 v. Chr.

Deianeira, die Gattin des Herakles, wartet in Trachis sehnsüchtig auf ihren Mann, der gegen Eurytos einen Krieg führt, welcher für ihn nach einem Spruch des Orakels zum »Markstein seines Schicksals« werden soll. Deianeira schickt Herakles den gemeinsamen Sohn Hyllos zu Hilfe. Da naht der Herold Lichas und kündet die Rückkehr des Herakles an. Von Lichas erfährt Deianeira, dass es Herakles in dem Krieg hauptsächlich um Iole, die Tochter des Eurytos, ging, zu der er in Liebe entbrannt sei und die er jetzt als sein Eigentum nach Trachis vorausgeschickt habe. Deianeira will die Liebe ihres Gatten dadurch zurückgewinnen, dass sie ihm ein mit Liebeszauber durchwirktes Gewand schickt, das ihr einst der Kentaur Nessos gab, als er vom Pfeil des Herakles getroffen wurde. Zu spät überlegt sie, dass Nessos sie hintergangen haben und ihr das als Liebeszauber ausgegebene Gewand in Wirklichkeit Unheil bringen könnte. Die schlimmste Befürchtung tritt ein.

Hyllos kommt zurück und berichtet, wie der Vater das von Lichas überbrachte Gewand anzog, sich bald vor Schmerz krümmte, in seiner Verzweiflung Lichas umbrachte und nun, dem Tode nahe, in Trachis angekommen sei. Verzweifelt und schuldbewusst tötet Deianeira sich selbst. Hyllos kehrt zu dem Vater zurück, der sich einen schnellen, erlösenden Tod wünscht. Von dem Sohn lässt er sich auf den Holzstoß tragen, auf dem er verbrannt werden möchte. Außerdem zwingt er Hyllos das Versprechen ab, Iole zur Frau zu nehmen.

Antigone. Tragödie
Erste Aufführung: Athen um 442 v. Chr.

König Ödipus. Tragödie
Erste Aufführung: Athen um 456 v. Chr.

In Theben ist die Pest ausgebrochen. Hilfe suchend wenden sich Priesterschaft und Volk an König Ödipus, der vor Jahren die Stadt von der Sphinx befreite und so zum Herrscher in Athen wurde. Ödipus hat längst seinen Schwager Kreon zum Delphischen Orakel geschickt, um von dort Rat zu holen. Die Botschaft, die Kreon übermittelt, lautet, dass die Pest ursächlich mit dem Mord an Laios, dem Vorgänger des Ödipus in Theben, zusammenhänge und dass dieser Mord zu rächen sei. Ödipus stellt sich dem Auftrag und beginnt sofort mit den Untersuchungen. Bald muss er erkennen, dass er selbst der Mörder ist. Er hat einst, als er vom Delphischen Orakel kam, einen alten Mann in einem prachtvollen Wagen, der ihn vom Weg treiben wollte, erschlagen. Nun erfährt er nach und nach, dass dieser Mann auf dem stolzen Gefährt Laios, der Herrscher von Theben, war. Mehr noch: Es war sein eigener Vater, der ihn, Ödipus, als kleines Kind hatte aussetzen lassen, weil ein Orakelspruch vorausgesagt hatte, dass er durch seinen Sohn umkommen werde. Schließlich wird Ödipus klar, dass er nicht nur seinen Vater tötete, sondern dass Iokaste, die Witwe des Laios, die er, Ödipus, heiratete, zugleich seine Mutter ist, dass er, ohne es zu wissen, zum Grundübel der Stadt geworden ist. Angesichts der offenbar gewordenen Schande tötet sich Iokaste selbst; Ödipus sticht sich die Augen aus. Kreon übernimmt die Herrschaft in Theben. Ungewiss ist das Schicksal der Kinder von Ödipus und Iokaste: Polyneikes, Eteokles, Antigone und Ismene.

Elektra. Tragödie
Erste Aufführung: Athen um 413 v. Chr.
Orest, der Sohn Agamemnons, ist in Mykene angekommen, um auf Geheiß des Apoll das Grab des Vaters aufzusuchen und den Tod des Vaters an seiner Mutter Klytaimnestra und an Aigisthos, dem neuen König von Argos und zweiten Ehemann der Mutter, zu rächen.

In Mykene wartet Elektra sehnsüchtig auf ihren Bruder Orest, dem sie einst zur Flucht verhalf und von dem sie hofft, dass er als Rächer des Vaters kommt. Chrysothemis, ihre Schwester, scheint sich mit den neuen Verhältnissen abgefunden zu haben. Klytaimnestra und Aigisthos fürchten nicht nur die Rückkehr Orests, sondern möchten auch Elektra beseitigen.

Um sich einen Zugang zum Palast zu verschaffen, haben sich Orest und sein alter Erzieher die List ausgedacht, in Mykene den Tod des Orest zu verkünden. Der vorausgeschickte Erzieher erzählt eine erfundene Geschichte, die Elektra erschüttert, Klytaimnestra aber erleichtert. Während Klytaimnestra und der falsche Bote in den Palast gehen, kommt Chrysothemis von Agamemnons Grab zurück und berichtet Elektra, dass sie dort Grabbeilagen gesehen habe, die nur von Orest stammen können. Doch Elektra glaubt eher dem falschen Botenbericht und beschließt – entgegen den Warnungen ihrer Schwester – selbst den Racheakt zu vollziehen.

Unerkannt tritt Orest im Palast auf und behauptet, die sterblichen Überreste Orests in einer Urne zu überbringen. Als Elektra eine Totenklage anstimmt, kann Orest das falsche Spiel nicht durchhalten. Er gibt sich Elektra zu erkennen und dringt in den Palast, wo Orest und Pylades, sein Gefährte, zuerst Klytaimnestra, später Aigisthos umbringen.

Philoktet. Tragödie
Erste Aufführung: Athen um 409 v. Chr.

Auf der Heerfahrt nach Troja haben die Griechen Philoktet auf der Insel Lemnos zurückgelassen, da er an einer übel riechenden, schmerzhaften Krankheit leidet. Nun sind Odysseus und Neoptolemos nach Lemnos zurückgekehrt, da ein Orakelspruch verheißen hat, dass sie nur mit Hilfe der Pfeile des Herakles, die mit dem Blut der lernäischen Schlange getränkt sind und die in Philoktets Besitz sind, in Troja siegen können. Odysseus überredet Neoptolemos zu einer List, durch die sie in den Besitz der Pfeile kommen wollen. Neoptolemos trifft den leidenden Philoktet in seiner Höhle und verspricht, ihn nach Hause zu bringen. Philoktet vertraut ihm und übergibt ihm Bogen und Pfeile, als er von einem schweren Schmerzensanfall heimgesucht wird. In Neoptolemos regt sich jedoch das Gewissen, und er gesteht Philoktet die Wahrheit, dass man ihn nach Troja, nicht aber nach Griechenland bringen wolle. Entsetzt wendet sich Philoktet ab, als der listenreiche Odysseus erscheint, und wünscht sich den Tod. Neoptolemos wechselt die Seite, wendet sich von Odysseus ab und bringt Philoktet Bogen und Pfeile zurück. Als Philoktet sich weigert, freiwillig das Heer der Griechen zu unterstützen, erscheint in einer Wolke Herakles, veranlasst sie nach Troja zu fahren und stellt in Aussicht, dass sie die Stadt erobern werden und Philoktet von seiner Krankheit geheilt wird.

Ödipus auf Kolonos. Tragödie
Erste Aufführung: Athen 401 v. Chr.
Der aus Theben verbannte blinde Ödipus ist, von seiner Tochter Antigone geführt, nach langer Wanderung in dem heiligen Hain von Kolonos angekommen, einem Vorort von Athen, wo König Theseus herrscht. Hier in Kolonos, so hat das Orakel vorausgesagt, soll der Leidensweg des Ödipus ein Ende finden.

Ismene, seine zweite Tochter, kommt hinzu und berichtet, dass Kreon, der Schwager des Ödipus, seine Herrschaft durch dessen Söhne Polyneikes und Eteokles bedroht sieht und dass ihm ein Orakel verkündet habe, die Herrschaft sei nur zu sichern, wenn Ödipus nach seinem Tod in heimatlicher Erde begraben werde. Deshalb wolle Kreon Ödipus an die Grenzen von Theben holen und den Verbannten nach dessen Tod in der Heimaterde bestatten.

Kreon erscheint und versucht Ödipus zur Rückkehr zu überreden. Als das nicht gelingt, will Kreon Ödipus und seine Töchter mit Gewalt entführen. Doch rechtzeitig tritt Theseus dazwischen. Eine letzte Herausforderung erlebt Ödipus, als Polyneikes, sein ältester Sohn, der ihn einst aus Theben verbannte, auftritt und ihn jetzt um Unterstützung beim Kampf um den Thron in Theben bittet. Doch Ödipus lässt sich nicht beirren. Fluchwürdig sind ihm die Söhne, voll Dankbarkeit ist er gegenüber den Töchtern. Von Theseus begleitet, erreicht er die Stelle im heiligen Hain von Kolonos, von der er ins Totenreich geholt wird.

Die Theorie der Tragödie

Der Ursprung der Tragödie

Über den Ursprung der griechischen Tragödie gibt es nur Vermutungen. Die griechische Bezeichnung, *tragodía*, die man wörtlich mit ›Bocksgesang‹ übersetzt, ist Grundlage der Hypothese, dass Maskentänze und rituelle Gesänge Vorstufen der Tragödiendichtung gewesen seien. Beweise für diese Annahme fehlen. Dagegen ist sicher, dass in Athen anlässlich der Dionysien schon früh Chorlieder zu Ehren des Dionysos und Preislieder auf die Heroen der Vorzeit vorgetragen wurden. Es ist nicht unwahrscheinlich, dass sich aus diesen Elementen die Tragödie entwickelte. Ob allerdings Thespis, der um 530 v. Chr. in Attika umherreiste, zu Recht »als Erfinder der Tragödie genannt«[37] werden darf, ist fraglich.

Die erste Theorie der Tragödie

Eine erste Theorie der Tragödie verfasste Aristoteles (384–322 v. Chr.). Er eröffnet die Lehrschrift über die Poetik mit dem Satz: »Den Gegenstand dieser Vorträge soll die Dichtkunst und ihre Gattungen sowie die einer jeden von ihnen innewohnende Wirkung bilden, ferner die Fragen, wie die Mythen zu gestalten sind, wenn eine Dichtung künstlerischen Ansprüchen genügen soll.«[38] Im Abschnitt über die Tragödie definiert er: »Es ist also die Tragödie die nachahmende Darstellung einer ernsten und in sich geschlossenen Handlung, die eine gewisse

Größe hat, in kunstvollem Stil, der in einzelnen Teilen sich deren besonderer Art anpaßt, einer Handlung, die nicht bloß erzählt, sondern durch handelnde Personen vor Augen geführt wird und die durch Mitleid und Furcht erregende Vorgänge die Auslösung (Katharsis) dieser und ähnlicher Gemütsbewegungen bewirkt.«[39]

Schon die Übersetzung – vor allem die übersetzten Wörter »Furcht« und »Mitleid« – ist strittig. Strittig ist auch die Funktion diese Definition. Während die einen in der Erklärung eine verallgemeinernde Beschreibung der überlieferten Text sahen, nahmen andere sie als verbindliche Vorschrift für das Verfassen weiterer Tragödien.

In Deutschland führte Lessing (1729–81) gegen Gottsched einen erbitterten Streit um die richtige Auslegung der Sätze des Aristoteles. Während Gottsched auf einer genauen Orientierung an den Dramen der Griechen und dem Einhalten der »Regeln« bestand, die er bei Aristoteles vorzufinden glaubte, rückte Lessing das Werk Shakespeares in den Blick, das bei weitem nicht so geregelt daherkam wie die klassizistischen Tragödien Frankreichs, die sich nach den Poetiken im Gefolge des Aristoteles richteten.

Tragödie und Trauerspiel

Das bürgerliche Trauerspiel, dem Lessing zum Durchbruch verhalf und das in Schillers *Kabale und Liebe* einen bis heute anerkannten Höhepunkt erfuhr, ist sicher als eigenständige Schöpfung anzuerkennen. Unter ganz anderen Bedingungen entstanden, für ein anderes Publikum entworfen und mit ganz anderen Zielen versehen, lässt es doch schon mit der Übersetzung »Trauerspiel« erkennen, dass es aus der Tradition der griechischen Tragödie erwachsen ist.

Die klassische Epoche der deutschen Literatur – vor allem die Weimarer Klassik mit Goethe und Schiller als Hauptvertreter – ist zu einem guten Teil bestimmt durch die Auseinandersetzung mit der griechischen Tragödie wie mit den Werken der Antike überhaupt.
Bis heute werden die griechischen Tragödien und die theoretischen Aussagen des Aristoteles in die Diskussion einbezogen, wenn es um Bedingungen und Möglichkeiten des Theaters geht. Einige dieser Tragödien – so *Antigone* und *König Ödipus* – stehen von Zeit zu Zeit in meist aktualisierter Inszenierung auf dem Spielplan deutscher und europäischer Bühnen; das Konzept des Aristoteles scheint prädestiniert, Gegenkonzepte zu provozieren. So sind auch die von Bertolt Brecht vorgestellten Entwürfe eines epischen Theaters aus der Auseinandersetzung mit Aristoteles entstanden.

8. Rezeption

Es ist kaum verwunderlich, dass die überwiegende Mehrzahl der im alten Griechenland entstandenen Tragödien im Laufe der Zeit verloren ging. Die ursprünglich auf Papyrusrollen festgehaltenen und in Bibliotheken aufbewahrten Texte waren nur schwer vor Verfall, Brand, Zerstörung und vor dem Vergessen zu bewahren. Eher überrascht, dass allein von Sophokles sieben vollständige Tragödien erhalten sind. Man erklärt das damit, dass dieser Autor und sein Werk schon in der Antike als mustergültig galten und deshalb von seinen Texten besonders viele Abschriften als Schul- und Studienausgaben verbreitet waren.

Rezeption in der Antike

Fest steht, dass die Tragödie *Antigone* auf mehreren griechischen Bühnen nachgespielt wurde. Nachgewiesen ist, dass der römische Philosoph und Politiker Cicero (106–43 v. Chr.) eine lateinische Übersetzung der *Antigone* gelesen hat. Die weitere Überlieferung erfolgte in mittelalterlichen Handschriften, bis dann die Erfindung der Buchdruckerkunst neue Möglichkeiten bot. Die *Antigone* wurde nachweislich 1502 in Venedig gedruckt und 1533 in italienischer Sprache aufgeführt. Ins Deutsche wurde der Text erstmals von dem Barockdichter Martin Opitz (1576–1639) übersetzt, der mit seinem *Buch von der Deutschen Poeterey* (1624) viel für den Anschluss der deutschen an die europäische Literatur tat.

Übersetzungen ins Deutsche

Bei einer einmaligen Übertragung des Textes aus der altgriechischen in die deutsche Sprache konnte es nicht bleiben. Zu groß war der Abstand des sprachlichen, religiösen und kulturellen Weltbildes der alten Griechen und der christlich geprägten Deutschen. Nicht nur die Vorstellungen von Schicksal und Schuld gingen weit auseinander, sondern auch die von göttlichen Geboten und staatlich verordneten Gesetzen. Da jede Übersetzung zugleich eine Interpretation des vorgefundenen Textes bedeutet, ist einsichtig, dass immer neue Übersetzungsversuche vorgelegt wurden.

Kein Zweifel besteht daran, dass die *Antigone* ein politisches Drama im weitesten Sinne des Wortes ist. Nicht so zweifelsfrei ist die Behauptung, dass bereits »die Athener zur Zeit des Sophokles« die Tragödien »als politisches Widerstandsdrama aufgefasst«[40] haben. Es scheint, dass diese Interpretationstendenz von den ersten italienischen Übersetzern, die »als Gegner der Medici und überzeugte Republikaner aus Florenz vertrieben«[41] waren, verfolgt wurde. Doch ist zu fragen, ob dieses Verständnis nicht eher in dem Interesse des Interpreten als in dem gegebenen Text begründet war. Einen wichtigen Deutungsansatz trug der deutsche Philosoph Georg Wilhelm Friedrich Hegel (1770–1831) vor, als er in der *Antigone* die »Collision der beiden höchsten sittlichen Mächte« zu erkennen glaubte, die Macht des Individualismus auf der einen Seite und »das Gesetz des Staates, die Auctorität der Regierung«[42] auf der anderen. Wichtig scheint die Erkenntnis zu sein, dass diese Kollision zwischen Individuum und Staat zugleich notwendig und zerstörerisch ist. In dem großen Disput zwischen Kreon und Antigone, aber auch in dem weiteren Disput zwischen Kreon und Haimon sind jedoch mehr »Determinanten von Kollision« enthalten, als auf den ersten Blick erkennbar ist, nämlich solche »zwischen Mann und Frau, Alt und Jung, zwischen Gesellschaft und dem Individuum, zwischen den

Lebenden und den Toten, zwischen Göttern und Sterblichen«[43]. Es spricht nicht gegen, sondern für den Text, dass er auf vielfache Weise ausdeutbar ist.

Bearbeitungen und Nachahmungen

Das große Interesse an den zur Sprache gebrachten Problemen dürfte der Grund dafür sein, dass die Tragödie des Sophokles von der Antike bis in die Gegenwart zahlreiche Bearbeitungen und Nachahmungen erfuhr. Im 16. und 17. Jahrhundert wurden sowohl in Frankreich als auch in Italien mehrere Antigone-Tragödien auf die Bühne gebracht. Aus dem 18. Jahrhundert sind »über 30 Antigone-Opern«[44] überliefert, die jedoch längst vom Spielplan verschwunden sind.

Der Antigone-Stoff und die Tragödie des Sophokles gewannen an Aktualität, als die Weltkriege des 20. Jahrhunderts erneut die Kollision von Individuum und Staat, von staatlicher Verordnung und allgemeinem Gottes- und Menschenrecht, von Machtpolitik und Humanitätsanspruch erfahren ließ. Obwohl der unmittelbare Bezug 60 Jahre nach dem Zweiten Weltkrieg kaum noch herzustellen ist, dürfte es reizvoll sein, Jean Anouilhs Drama *Antigone* aus dem Jahr 1944 und Rolf Hochhuths Novelle *Die Berliner Antigone* aus dem Jahr 1964 mit der antiken Vorlage zu vergleichen.

Literarische Anspielungen

Keine der Bearbeitungen hat je den Rang der *Antigone* des Sophokles erreicht. Wenn in literarischen Texten auf das Schicksal der Ödipus-Tochter angespielt wird, so zielt der Bezug immer auf die Sophokles-Tragödie. So lässt etwa Friedrich Dürrenmatt in der Komödie *Romulus der Große* den Schauspieler Phylax der Tochter des Kaisers Schauspielunterricht geben und wählt zur Rezitationsübung die Verse, mit denen sich Antigone bei Sophokles von der Welt verabschiedet. Die gleichen Verse lässt Jeffrey Eugenides in dem 2002 erschienenen Roman *Middlesex* von Schülerinnen der 8. Klasse für eine Schulaufführung proben; denn an jener Schule ist man gewohnt, dass in jedem Jahr »die achte Klasse ein klassisches griechisches Stück«[45] aufführt.

Bei den Zuschauern in dem einen Fall und bei den Lesern im anderen setzt man wie selbstverständlich voraus, dass sie die *Antigone* des Sophokles kennen.

Nach wie vor bewährt sich der Sophokles-Text auf der Bühne. In immer neuen Inszenierungen wird die Tragödie dem Publikum zur Diskussion angeboten. In jeder Spielzeit dürfte auf wenigstens einer deutschsprachigen Bühne die *Antigone* gespielt werden. Herausragende Aufführungen werden zuweilen vom Fernsehen übertragen.

9. Checkliste

1. Wie heißen die drei Klassiker der antiken attischen Tragödie?

Nennen Sie die Namen.
Ordnen Sie ihre Lebensdaten in die Hauptphasen der griechischen Geschichte ein.
Wo und zu welchem Anlass wurden die Werke dieser Autoren ursprünglich aufgeführt?

2. Welche Bedeutung hat der thebanische Sagenkreis für die Tragödiendichter?

Welche Bedeutung hat die Stadt Theben?
Erklären Sie, in welcher verwandtschaftlichen Beziehung die folgenden Personen stehen: Laios, Ödipus, Iokaste, Kreon, Polyneikes, Eteokles, Ismene, Antigone.
Welcher Fluch lastet auf der Familie?

3. Schildern Sie Anlass, Entwicklung und Ende der Auseinandersetzung zwischen Kreon und Antigone.

Wie verhalten sich Eteokles und Polyneikes gegenüber Kreon und der Stadt Theben?
Wie verhält sich Kreon gegenüber Eteokles und Polyneikes?
Wie beurteilt Antigone das Verhalten ihrer Brüder und ihres Onkels?

Welche Bedeutung hat das Bestattungsgebot?
Wie rechtfertigt Kreon seine Position, wie rechtfertigt Antigone die ihre?
Welche Haltung nimmt Ismene ein?
Welche Haltung nimmt Teiresias ein?
Auf wessen Seite steht der Autor?
Auf wessen Seite stehen Sie als Leser oder Zuschauer?
Beschreiben Sie, wie die einzelnen Phasen des Konflikts auf die Teile des Dramas verteilt sind: Prolog, Epeisodien, Exodos.

4. Inwiefern kann die *Antigone* des Sophokles als ein politisches Drama verstanden werden?

Erläutern Sie den Begriff *polis*. Erklären Sie die Ableitungen von diesem Grundwort, die in den Wortschatz der deutschen Sprache eingegangen sind: Politik, Politiker, politisch, Politologe, Polizei, Politesse, Politbüro.
Das griechische Wort *nomos* ist die zusammenfassende Bezeichnung für viele Arten von Gesetzen und Geboten. Versuchen Sie, die folgenden deutschen Wörter inhaltlich abzugrenzen: Gesetz, Gebot, Anordnung, Befehl, Weisung, Regel, Verordnung, Erlass, Verfügung. Bestimmung, Maxime, Grundsatz, Brauch.
Erläutern Sie, inwiefern dem Konflikt zwischen Kreon und Antigone im Zeitalter des Perikles aktuelle Bedeutung zugesprochen werden konnte.
Inwieweit ist der Konflikt von überzeitlichem Interesse?

5. Machen Sie einige Angaben über die Lebenssituation des Autors und über die Zeit, in der er lebte.

Erläutern Sie den Begriff »Perikleisches Zeitalter«.
Was versteht man unter einer »klassischen attischen Tragödie«?
In welcher Beziehung stand Sophokles zu Aischylos und Euripides?
In welcher Beziehung stand Sophokles zu Perikles?
Inwieweit ist Sophokles als Politiker einzuschätzen?
Wie erklären Sie, dass Sophokles in Athen zu hohen Ehren kam, obwohl er fortschrittlichen Anschauungen kritisch entgegentrat?

6. Orientieren Sie sich über einige Phasen der Rezeptionsgeschichte.

Informieren Sie sich über den Theaterbau und die Aufführungsbedingungen der Tragödien im alten Griechenland.
Vor welchen Schwierigkeiten steht ein Dramaturg, der die Tragödie einem Publikum des 21. Jahrhunderts nahe bringen will?
Besorgen Sie sich die Video-Aufnahme einer Inszenierung und diskutieren Sie über die Absicht des Regisseurs und die vermutete Wirkung beim Publikum.

10. Lektüretipps

Der griechische Text wird zusammen mit einer Übersetzung, Erläuterungen und einem Nachwort angeboten:

Sophokles: Antigone. Griechisch/Deutsch. Übers. und hrsg. von Norbert Zink. Stuttgart: Reclam, 1981. (UB. 7682.)

Die Zitate in der vorliegenden Lektürehilfe beziehen sich, sofern nicht ausdrücklich auf andere Übersetzungen verwiesen wird, auf:

Sophokles: Antigone. Tragödie. Übers. von Wilhelm Kuchenmüller. Stuttgart: Reclam, 2000. (UB. 659.) – *Reformierte Rechtschreibung.*

Zum Vergleich bietet sich – neben anderen Übersetzungen – an:

Sophokles: Antigone. Eine Tragödie. Nach der Übersetzung von Georg Thudichum hrsg. von Otto Güthling. Stuttgart: Reclam, 1951. (UB. 659.)

Sophokles: Antigone. Übers. und hrsg. von Wolfgang Schadewaldt. Frankfurt a. M.: Insel Verlag, 1974.

Erläuterungen und Interpretationen zu Sophokles: *Antigone*

Geisenhanslüke, Achim: Sophokles: *Antigone*. München 1999. (Oldenbourg Interpretationen 92.)

Giebel, Marion: Erläuterungen und Dokumente: Sophokles: *Antigone*. Stuttgart 1992. (Reclams UB. 8195.)

Hermes, Eberhard: Interpretationshilfen: Der Antigone-Stoff. Sophokles, Anouilh, Brecht, Hochhuth. Stuttgart 2001.

Möbius, Thomas: Sophokles: *Antigone*. Hollfeld 1993. (Königs Erläuterungen und Materialien. 41.)
Zink, Norbert: Sophokles: *Antigone*. Frankfurt a. M. 1974. (Grundlagen und Gedanken zum Verständnis des Dramas.)

Fortgestaltung des Antigone-Stoffes

Walther, Lutz / Martina Hayo (Hrsg.): Mythos Antigone. Texte von Sophokles bis Hochhuth. Leipzig 2004. (Reclam Bibliothek Leipzig. 20100.)

Abhandlungen zu »Sophokles und seine Zeit«

Einen Überblick über die griechische Geschichte bieten alle Unterrichtswerke, die im Fach Geschichte zur Erarbeitung der Welt der Antike eingeführt sind. Über einzelne Personen, Sachverhalte und Begriffe informiert:
Lexikon der Alten Welt. Hrsg. von Carl Andresen, Hartmut Erbse, Olof Gigon, Karl Schefold, Karl Friedrich Stroheker und Ernst Zinn. Drei Bde. Zürich/München 1990.

Einzelnen Personen widmen sich:
Berve, Helmut: Gestaltende Kräfte der Antike. München 1949.
Ehrenberg, Viktor: Sophokles und Perikles. München 1959.
Sophokles. Hrsg. von Hans Diller. Darmstadt 1967. (Wege der Forschung.)
Pohlenz, Max: Gestalten aus Hellas. München 1950.

Gattungsgeschichte und Theorie der Tragödie

Freytag, Gustav: Die Technik des Dramas. Leipzig 1863.
Jens, Walter: Die Bauformen der griechischen Tragödie. München 1971.
Latacz, Joachim: Einführung in die griechische Tragödie. Göttingen 1993.
Lesky, Albin: Die griechische Tragödie. Stuttgart 1958.
Meier, Christian: Die politische Kunst der griechischen Tragödie. München 1988.
Seeck, Gustav Adolf (Hrsg.): Das griechische Drama. Darmstadt 1979.
– Die griechische Tragödie. Stuttgart 2000. (Reclams UB. 17621.)

Hinweise zur Dramenanalyse

Asmuth, Bernhard: Einführung in die Dramenanalyse. Stuttgart 1980.
Neis, Edgar: Wie interpretiere ich ein Drama? Anleitung zur Analyse klassischer und moderner Dramen. Hollfeld 1983.
Gelfert, Hans-Dieter: Wie interpretiert man ein Drama? Stuttgart 1992. (Reclams UB. 15026.)

Anmerkungen

1 Rudolf Walter Leonhardt, *Argumente pro und contra*, München 1974, S. 222.
2 Gustav Adolf Seeck, *Die griechische Tragödie*, Stuttgart 2000, S. 216.
3 Walter Jens, *Bauformen der griechischen Tragödie*, München 1971, S. XII.
4 Jürgen Rode, »Das Chorlied«, in: Walter Jens, *Bauformen der griechischen Tragödie* (Anm. 3), S. 85.
5 Klaus Aichele, »Das Epeisodion«, in: Walter Jens, *Bauformen der griechischen Tragödie* (Anm. 3), S. 47.
6 Norbert Zink übersetzt: »Bürger, die Geschicke unserer Stadt haben nun die Götter […] sicher wieder aufgerichtet.« Sophokles, *Antigone*. Griechisch/Deutsch, Stuttgart 1981, S. 19.
7 *Lexikon der Alten Welt*, hrsg. von Carl Andresen [u.a.], Tübingen/Zürich 1994, Bd. 2: *Haaropfer – Qumran*, S. 2389.
8 Ernst Meyer, *Einführung in die antike Staatskunde*, Darmstadt 1968, S. 68.
9 Ebenda, S. 69.
10 Ebenda, S. 69.
11 Victor Ehrenberg, *Sophokles und Perikles*, München 1956, S. 35.
12 Frank Kolb, »Polis und Theater«, in: Gustav Adolf Seeck (Hrsg.), *Das griechische Drama*, Darmstadt 1979, S. 504.
13 Ehrenberg (Anm. 11), S. 34.
14 Menge-Güthling, *Enzyklopädisches Wörterbuch der griechischen und deutschen Sprache*, Teil I: *Griechisch – Deutsch*, Berlin-Schöneberg ^{12}1954, S. 388: *kerýkeion* ist der Heroldsstab, *kéryx* der Herold, Ausrufer, *kerýkeuma* die Botschaft.
15 Ebenda, S. 473.
16 Ebenda.
17 Ehrenberg (Anm. 11), S. 36.
18 Ebenda, S. 35.
19 Ebenda, S. 39.
20 Ebenda, S. 112.
21 *Grundzüge der Geschichte*. Oberstufe / Ausgabe B / Quellenband I: *Von der Urzeit bis zum Zeitalter des Absolutismus*,

bearb. von Rudolf Weirich und Gerhart Bürck, Frankfurt a. M. / Berlin / Bonn / München 1966 S. 60.
22 Max Pohlenz, *Gestalten aus Hellas*, München 1950, S. 214.
23 *Harenbergs Lexikon der Weltliteratur. Autoren – Werke – Begriffe,* Dortmund [o. J.], Bd. 5, S. 2701.
24 Pohlenz (Anm. 22), S. 220.
25 Christian Meier, *Die politische Kunst der griechischen Tragödie*, München 1988, S. 7.
26 Ebenda.
27 Pohlenz (Anm. 22), S. 216 f.
28 Ebenda, S. 217.
29 Ernst Buschor, *Über das griechische Drama*, Zürich/München 1979, S. 9.
30 Ebenda.
31 Pohlenz (Anm. 22), S. 216.
32 Ebenda.
33 *Lexikon der Alten Welt* (Anm. 7), S. 2457.
34 *Grundzüge der Geschichte* (Anm. 21), S. 63.
35 Buschor (Anm. 29), S. 11.
36 Seeck (Anm. 2), S. 16.
37 Ebenda, S. 35.
38 Aristoteles, *Poetik*, in: Aristoteles, *Hauptwerke*, ausgew., übers. und eingel. von Wilhelm Nestle, Stuttgart 1953, S. 336.
39 Ebenda, S. 345.
40 Eberhard Hermes, *Interpretationshilfen: Der Antigone-Stoff*, Stuttgart/Düsseldorf/Leipzig 2001, S. 14.
41 Ebenda.
42 Georg Wilhelm Friedrich Hegel, in: *Vorlesungen über die Philosophie der Religion*, in: Marion Giebel, *Erläuterungen und Dokumente, Sophokles, »Antigone«,* Stuttgart 1992, S. 61.
43 Georg Steiner, *Die Antigonen*, in: Giebel, ebenda, S. 78.
44 Elisabeth Frenzel, *Stoffe der Weltliteratur. Ein Lexikon dichtungsgeschichtlicher Längsschnitte,* Stuttgart 1959, S. 52.
45 Jeffrey Eugenides, *Middlesex* (Deutsche Übersetzung), Reinbek bei Hamburg 2003, S. 462.

Raum für Notizen

Lektüreschlüssel für Schüler

Andersch: *Sansibar oder der letzte Grund*. 96 S. UB 15311

J. Becker: *Jakob der Lügner.* 80 S. UB 15346

Ben Jelloun: *Les Raisins de la galère*. 80 S. UB 15381

Böll: *Die verlorene Ehre der Katharina Blum*. 66 S. UB 15364

Brecht: *Der gute Mensch von Sezuan*. 96 S. UB 15375

Brecht: *Der kaukasische Kreidekreis*. 96 S. UB 15351

Brecht: *Leben des Galilei*. 91 S. UB 15320

Brecht: *Mutter Courage*. 95 S. UB 15329

Büchner: *Dantons Tod*. 96 S. UB 15344

Büchner: *Leonce und Lena*. 96 S. UB 15319

Büchner: *Woyzeck*. 96 S. UB 15339

Camus: *L'Étranger*. 93 S. UB 15357

Döblin: *Berlin Alexanderplatz*. 89 S. UB 15317

Droste-Hülshoff: *Die Judenbuche*. 53 S. UB 15305

Dürrenmatt: *Die Physiker*. 77 S. UB 15302

Dürrenmatt: *Der Richter und sein Henker*. 88 S. UB 15374

Eichendorff: *Aus dem Leben eines Taugenichts*. 88 S. UB 15306

Fontane: *Effi Briest*. 87 S. UB 15327

Fontane: *Irrungen. Wirrungen*. 88 S. UB 15367

Fontane: *Unterm Birnbaum*. 82 S. UB 15307

Frisch: *Andorra*. 78 S. UB 15332

Frisch: *Biedermann und die Brandstifter*. 84 S. UB 15330

Frisch: *Homo faber*. 87 S. UB 15303

Goethe: *Faust I*. 69 S. UB 15301

Goethe: *Götz von Berlichingen*. 71 S. UB 15331

Goethe: *Iphigenie auf Tauris*. 72 S. UB 15350

Goethe: *Die Leiden des jungen Werther*. 75 S. UB 15312

Gotthelf: *Die schwarze Spinne*. 79 S. UB 15336

Grass: *Im Krebsgang*. 96 S. UB 15338

Grass: *Katz und Maus*. 79 S. UB 15304

Hauptmann: *Bahnwärter Thiel*. 70 S. UB 15314

Hauptmann: *Die Weber*. 91. S. UB 15368

Hebbel: *Maria Magdalena*. 83 S. UB 15361

Heine: *Deutschland. Ein Wintermärchen*. 79 S. UB 15325

Hesse: *Unterm Rad*. 96 S. UB 15340

E.T.A. Hoffmann: *Das Fräulein von Scuderi*. 74 S. UB 15321

E.T.A. Hoffmann: *Der goldne Topf*. 74 S. UB 15326

E.T.A. Hoffmann: *Der Sandmann*. 72 S. UB 15354

Hornby: *About a Boy*. 56 S. UB 15378

Horváth: *Jugend ohne Gott*. 92 S. UB 15369

Huxley: *Brave New World. Schöne neue Welt*. 79 S. UB 15366

Ibsen: *Nora (Ein Puppenheim)*. 80 S. UB 15360

Kafka: *Der Proceß*. 96 S. UB 15371

Kafka: *Die Verwandlung*. 94 S. UB 15342

Keller: *Kleider machen Leute*. 87 S. UB 15313

Keller: *Romeo und Julia auf dem Dorfe*. 87 S. UB 15324

Kleist: *Das Erdbeben in Chili*. 79 S. UB 15322

Kleist: *Die Marquise von O…* 88 S. UB 15379

Kleist: *Michael Kohlhaas*. 79 S. UB 15334
Kleist: *Der zerbrochne Krug*. 85 S. UB 15333
Lessing: *Emilia Galotti*. 93 S. UB 15318
Lessing: *Minna von Barnhelm*. 60 S. UB 15323
Lessing: *Nathan der Weise*. 96 S. UB 15316
H. Mann: *Der Untertan*. 90 S. UB 15363
Th. Mann: *Mario und der Zauberer*. 72 S. UB 15343
Th. Mann: *Der Tod in Venedig*. 96 S. UB 15358
Th. Mann: *Tonio Kröger*. 67 S. UB 15309
Musil: *Die Verwirrungen des Zöglings Törleß*. 96 S. UB 15345
Orwell: *1984*. 68 S. UB 15362
Rhue: *The Wave*. 62 S. UB 15355
Roth: *Hiob*. 96 S. UB 15376
Schiller: *Don Karlos*. 88 S. UB 15352
Schiller: *Die Jungfrau von Orleans*. 88 S. UB 15380
Schiller: *Kabale und Liebe*. 70 S. UB 15335
Schiller: *Maria Stuart*. 84 S. UB 15310
Schiller: *Die Räuber*. 90 S. UB 15328
Schiller: *Der Verbrecher aus verlorener Ehre*. 88 S. UB 15353
Schiller: *Wilhelm Tell*. 78 S. UB 15337
Schlink: *Der Vorleser*. 77 S. UB 15359
Schneider: *Schlafes Bruder*. 72 S. UB 15372
Shakespeare: *Romeo and Juliet*. 68 S. UB 15341
Sophokles: *Antigone*. 83 S. UB 15348
Sophokles: *König Ödipus*. 87 S. UB 15356
Storm: *Der Schimmelreiter*. 96 S. UB 15315